Klausbernd Vollmar

Das Geheimnis der Farbe Rot

Einladung zum Spiel mit dem Feuer
Ein Lese- und Übungsbuch zur Symbolik und Psychologie einer starken Farbe

edition Tramontane

Widmung

Dieses Buch wurde unter besonderen Umständen geschrieben. Mein Freund, der Schauspieler Michael Tschernow, hat die meiste Zeit während meiner Arbeit an diesem Text im Nachbarzimmer meditiert und dabei tibetische Mantras gemurmelt, die auch immer wieder an mein Ohr drangen. So mag vielleicht die Hoffnung nicht unbegründet sein, daß dieser Text zum Wohle aller Wesen wirken werde. Michael Tschernow sei besonderer Dank ausgesprochen für seine Anregungen und spezielle historische Hinweise. Ferner sei Dr. Martin Haeusler ganz herzlich für die gewissenhafte Hilfe bei der Überarbeitung dieses Manuskriptes gedankt.

1. Auflage 1993

Gesamtgestaltung: Peter Craemer
Gesamtherstellung: Clausen & Bosse, Leck
ISBN 3-925828-32-X

Inhalt

Der rote Faden

Der rote Blitz

Rote Rosen, die Liebe und das Herz

Rot als Farbe des Schönen

Rot in seinem Verhältnis zu anderen Farben

Die Farbe Rot im Überblick

EINFÜHRUNG

»Rot ist eine Welt mit Sonnen,
Monden und Welten...«
Gitta Mallasz, *Die Antwort der Engel*[1]

Rot ist die Farbe der Liebe, so sagt der Volksmund. Erinnern Sie sich der Zeiten Ihrer ersten Verliebtheit, als man sich in hochgeheimen Briefchen knallrote Herzchen zuschickte? Ich habe sogar einmal einen ganz in roter Tinte geschriebenen Liebesbrief bekommen – ich kann mich jetzt noch daran erinnern, wie aufgeregt ich war.

Rot ist auch die Farbe, die uns an der Ampel gebietet, stehenzubleiben. Wie können wir mit diesem Widerspruch umgehen? Auf der einen Seite sagt Rot: »Ich liebe Dich, komm doch zu mir!« auf der anderen sagt es: »Stop! Stehen bleiben.«

Rot ist nicht nur die Farbe der Liebe, sondern auch die der Aggression. Rot läßt an Krieg, an Wunden und Blut denken. So befürchtete man in früheren Zeiten bei einem ausgeprägten Abendrot, daß Kriegszeiten bevorständen. Man sagte: »Der Himmel brennt.«

Rot ist eine aufregende Farbe, nach der Kinder gerne greifen, die anzeigt, daß etwas wichtig ist und womit der Lehrer in der Schule die Arbeiten korrigiert. Mit dieser so komplexen Farbe beginnt und endet der Tag. Abendrot und Morgenrot, mit denen Goethe in seiner Farbentheorie Rot als Naturphänomen erklärte, stehen beide an der Grenze zur Nacht. Nach der dunklen Nacht, die alle Farben auslöscht, kündigt sich das Licht mit Rot an, und am Übergang des Tages zum Dunkel der Nacht steht auch wieder das Rot.

Was hat es nun mit dieser Farbe auf sich, die man nur schwerlich übersehen kann, die in den unterschiedlichsten Lebensbereichen auftritt und die mit so verschiedenen

Bedeutungen belegt wird? Warum scheint es eine männliche Angelegenheit zu sein, mit dieser Farbe auf Kriegsfuß zu stehen? Die Rot-Grün-Blindheit als häufigste Farbenblindheit kommt bei Frauen nicht vor. In der Frauenwelt spielt nämlich die Farbe – und hierbei besonders Rot – eine wichtige Rolle: Kleidung, Kosmetik, Innendekoration und Kochkunst, all das ist ja engstens mit der Farbe verbunden. Erstaunlich ist, daß Frauen mehr Farbnuancen und -schattierungen wahrnehmen und vielleicht auch sehen als Männer. In der männlich definierten Welt ist die Farbe zumeist etwas Nebensächliches, bisweilen gar Unseriöses.

Die Einstellung zur Farbe und besonders zu Rot ist in den verschiedenen Kulturen ganz unterschiedlich. Den nördlichen Germanen schien die Farbe nicht so wichtig gewesen zu sein. Germanische Sprachen weisen erstaunlich wenig Vokabeln zum Unterscheiden von Farben auf. Im Vergleich dazu gibt es im Südpazifik schon allein eine Fülle von Wörtern für Rottöne. Die Farbwahrnehmung ist also höchst subjektiv. Die Farbwerte verschieben sich, je nachdem, welche Haltung wir dem farbigen Objekt gegenüber einnehmen – das ist genauso bei der Sexualität: auch hier ist unsere subjektive Wahrnehmung des anderen weitgehend von unseren Stimmungen geprägt. Einmal sind wir in unseren Partner völlig verliebt und sehen ihn als Engel, ein andermal, aus einer aggressiven Stimmung heraus, erscheint er uns als Teufel. Diese vielfältigen Bedeutungen und Wirkungen von Rot möchte ich in diesem Buch aufspüren. Ich möchte Rot wie eine Person vorstellen, die unterschiedliche Seiten, Launen und Erscheinungsweisen besitzt.

Für mich ist Rot immer eine schwierige Farbe gewesen. Ich besitze keine roten Kleider und habe noch nie ein rotes Auto gefahren. Zu auffällig, zu extrem, dachte ich von Rot. Rot kann eine Frau tragen, aber doch kein Mann! Und dann bevölkerten vor etwa zehn Jahren die Sannyasin, die Anhänger Bhagwans, in allen möglichen Rottönen das deutsche Straßenbild. Ich freundete mich gerade mit Grün an, der Komplementärfarbe zu Rot. Aber warum griff ich zu Grün, die Sannyasin zu Rot? Als Psychologe fiel mir dazu ein, daß ich als unruhiger Geist von Rot abgeschreckt werde. Rot macht mich noch unruhiger und aufgeregter – man könnte allerdings auch sagen, Rot bringt Leben in den grauen Alltag. Ich sehnte mich in dieser Zeit jedoch nach Ruhe und Ausgeglichenheit, und Rot schien da zu stören. Es regte mich zu sehr an und stellte mich in die Mitte des Geschehens.

Es ist jedoch nicht so, daß ich Rot völlig abgelehnt hätte. Vorsichtig versuchte ich, mit Rot zu experimentieren. Ich erinnere mich deutlich, wie ich mir den roten Pullover einer Freundin auslieh und mit ihm in ein Gasthaus ging. Komisch kam ich mir vor, zu auffällig stand ich da an der Theke zwischen all den anderen in Grau und Braun gekleideten Männern. Ich hatte das Gefühl, jeder würde mich anstarren und bei sich denken, was ist denn das für ein bunter Vogel. Zu Hause war ich froh, wieder in meinen grünen Pullover schlüpfen zu können. Der rote Pullover hatte mich wirklich unruhig werden lassen, und ich bemerkte, wie zusehends all meine Gelassenheit schwand.

Meine Beschäfigung mit Rot ist dennoch eine sehr lange, eine Art Haßliebe könnte man sagen. Als Student besuchte ich ein Seminar über Farbpsychologie. Dort wurden Experimente zur Wirkung der Farben durchgeführt. Können einen Farben wirklich so erregen, wie der Volksmund es behauptet, sollte untersucht werden. In meiner Arbeitsgruppe unterlegte man einen schwierigen Text mit roter, mit grüner und mit weißer Farbe. Es stellte sich deutlich heraus, daß ein auf Rot gedruckter Text schwerer zu erfassen war, als wenn der gleiche Text vor Grün oder, wie es normal ist, vor Weiß erschien. Die Erklärung für dieses Ergebnis liegt auf der Hand: Die Farbe Rot erregt so sehr das menschliche

Nervensystem und zieht derart alle psychischen Energien wie ein Magnet auf sich, daß zu wenig freie Energien übrigbleiben, um den Inhalt des Textes zu erfassen. So kann die wissenschaftliche Psychologie wie so oft nur bestätigen, was wir schon alle wissen: Rot regt an. Und daß Rot nicht nur an-, sondern auch aufregt, zeigte der aggressive Action-Film »Ein Mann sieht rot«.

Beim Stierkampf winkt der Torero elegant mit seinem roten Tuch, obwohl Stiere eigentlich farbenblind sind. Durch das rote Tuch sollen wohl mehr die Zuschauer erregt werden als der Stier, der auch auf ein blaues, grünes oder weißes Tuch losgehen würde.

Heute habe ich in meiner Wohnung ein rotes Zimmer. Eigentlich hätte die Wand rosa werden sollen, denn verbinden sich Weiß und Rot, verliert Rot seine Aggressivität und Weiß seine Unschuld. Das Weiß sticht nicht mehr ins Auge, und das Rot läßt nicht mehr unser Blut in Wallung geraten. Irgendwie klappte es jedoch nicht mit der Farbmischung und die Wand wurde knallrot. Ich nenne es »das rote Zimmer«, obwohl nur eine Wand rot gestrichen ist, aber das gesamte Zimmer wirkt für mich dadurch rot. Es ist die Fensterwand, durch die das Licht von Süden einfällt. Lange dauerte es, bis ich mich an dieses Zimmer gewöhnen konnte. Jetzt halte ich mich schon gerne längere Zeit in ihm auf. Dieses Buch möchte ich im roten Zimmer schreiben und dabei beobachten, wozu mich Rot inspirieren wird.

Goethe besaß in seinem Haus in Weimar auch einen Raum mit roten Tapeten – und Goethe war nicht gerade ein ruhiger Charakter. Mich wundert, daß ich in dem roten Zimmer gut und tief schlafe. Man könnte darauf sagen, daß ich dann die Farbe nicht sehe, aber das lasse ich nicht gelten, denn Farbheiler können immer wieder beobachten, daß Farben einen auch ungesehen beeinflussen. So wirkt bunte Unterwäsche und die Farbe des Bettuches, ohne daß man sie sieht.

Was wirkt denn nun an der Farbe? – Es wirkt die Farbschwingung, die auch dann unzweifelhaft vorhanden ist, wenn die Farbe nicht gesehen wird. Sicherlich beeinflußt diese Farbschwingung einen mehr, wenn sie auf das offene Auge trifft, aber der menschliche Organismus scheint Farbe nicht allein mit dem Auge wahrzunehmen. Erstaunlich ist, daß nach Clarissa Ray[2] das menschliche Auge nur 20% der Farbschwingungen wahrnimmt, die restlichen 80% verwendet der menschliche Organismus sozusagen als Nervennahrung. Licht und somit Farben scheinen den Körper zu durchdringen. Man stellt sich das heute nach dem Prinzip der Schwingungsresonanz vor. Eine Farbe erzeugt eine Schwingung, die im Körper widerhallt. Da dem Körper diese Schwingung nicht fremd ist, kann er sich auf sie einschwingen. Das Innere des Körpers antwortet auf die äußere Farbschwingung. So wirkt die Farbe über ihre Schwingung, ohne daß man sie unbedingt sehen muß.

Stellen Sie sich vor, Sie würden der Farbe Rot zum ersten Mal begegnen. Sie wären sicher ganz aufgeregt, denn Rot gilt in den meisten seiner Töne als erregende, aktivierende Farbe, weswegen die Schlagzeilen in den Boulevard-Zeitungen rot gedruckt werden (bei BILD ist sogar der Zeitungsnamen immer im roten Feld gesetzt) und auch Kriegsnachrichten in den Zeitungen (wie zum Beispiel während des Golfkriegs in England) rot gesetzt sind. Rot wirkt bis in die Seele wie die rote Blüte auf den Instinkt des Insekts. Als Höhepunkt der Farben (Goethe) wirkt Rot anregend, erwärmend und belebend. Es wirkt je erregender, um so mehr sein Farbton dem Scharlachrot angenähert ist.

Sprachen wir eben vom belebenden bis erregenden Rot, so gibt es auch die Verbindung von Rot und Tod: Artemidor von Daldis, der eines der meistgelesenen Traumbücher vor Freud schrieb, verbindet in seinen Traumdeutungen Rot mit dem Tod und dem Bösen. Träume böser Menschen und diejenigen mit fatalen Voraussagen wurden in seinen Texten ursprüglich rot geschrieben.

Bis jetzt habe ich über das Rot geschrieben, als ob es nur ein einziges Rot gibt. Das ist natürlich nicht der Fall. Es gibt unendlich viele Rottöne, Rotabstufungen und Rotbrechungen. Das Spektrum von Rot ist sehr groß, wie wir an der Fülle von Farbbezeichnungen für Rot im Neuhochdeutschen ablesen können. Da gibt es das Blaßrot, das Blutrot, Bordeaux- und Blau- und Braunrot, Burgunder-, Kardinal-, Chrom- und Englischrot, Erdbeer-, Feuer- und Fleischrot, Granatrot, Himbeerrot, Knallrot, Hyazinth und Karminrot, Kirsch-, Krebs- und Kupferrot, Lachsfarben, Mennigrot, Pfirsich- und Purpurrot, Rost-, Scham- und Scharlachrot, Türkischrot, Weinrot und Zinnoberrot, um nur einige im Deutschen gebräuchliche Farbbezeichnungen anzuführen. Rot umfaßt im Farbenkreis die Farben von Rotorange bis zum Rotviolett. Dazu kommen noch die Weißbrechungen von Rot, die als Rosa oder auch Pink bezeichnet werden, und die Schwarzbrechungen von Rot, die oft als Weinrot bezeichnet werden. Diese verschiedenen Rottöne, auf die ich im Laufe dieses Buches genau eingehen werde, besitzen alle unterschiedliche Eigenschaften; ja, man könnte von einer speziellen Persönlichkeit der einzelnen Rottöne sprechen. Das ist ja das Interessante an der Farbe Rot, daß kleine Nuancen in der Verschiebung seines Farbtons gleich unterschiedliche Erlebniswelten mit sich bringen.

Im Volksglauben geht der Begriff von Rot noch viel weiter als in der Farbpsychologie. Man spricht vom Rotwild und vom Rotgold und sieht bestimmte Braun- und Goldtöne ebenfalls im Bereich des Roten angesiedelt. Beim Rotbraun finde ich das noch nachvollziehbar, beim Gold jedoch weniger. Auch der sogenannte Rotkohl ist für mich weniger rot als blau.

Vormittelalterlich und im Volksmund ist der Begriff Rot

wesentlich umfangreicher als in der physiologischen Optik, wo sich Rot auf die zinnoberrote Farbe am Anfang des Spektrums beschränkt. Ich werde mich an die engere, neuzeitliche Bedeutung von Rot halten und das Spektrum vom warmen Rotorange – das typische Herzchen-Rot – bis zum kalten Rotviolett betrachten. Wichtig sind außerdem die relativ modernen Rosatöne, die früher recht ungebräuchlich waren.

Der Krapp

Als es den Holländern im 16. Jahrhundert gelang, bestes Krapprot (auch Färberröte genannt) zu produzieren, wurde dieses Rot sogleich zum Inbegriff des Schönen. Als vornehmer wie eitler Holländer besaß man mindestens einen knallroten Seidenanzug, und selbst die Bauern trugen an Festtagen rote Hosen und Jacken, die mit Krapp leuchtend eingefärbt waren.

Aber Krapprot herzustellen – von dem auch das Pigment der Krapplack genannten Malfarbe stammt – war langwierig, arbeitsintensiv und sehr teuer – was dieses Rot nur noch schöner und begehrenswerter erscheinen ließ. Die Färberröte oder der Krapp, wie diese Pflanze landläufig genannt wurde, war schon den Persern, Indern und Ägyptern bekannt, und sie benutzten deren Farbstoff Alizarin, um edle Gewänder und Tücher für den rituellen Gebrauch herzustellen. Die Färberröte, ein Labkrautgewächs, das in lichten Olivenhainen am besten wächst, ist derart mit der roten Farbe und der Färberei verbunden, daß selbst ihr botanischer Name »Rubia« (lat. von »rubor« Rot) lautet. Um das begehrte rote Farbpigment zu erhalten, muß die Färberröte im Alter von drei bis vier Jahren geerntet und danach sehr lange getrocknet werden, damit sie zu einem feinen, mehlartigen Pulver zermahlen werden kann. Dieses Pulver muß dann abermals gelagert werden, und es verhält sich hierbei wie beim Wein: je länger das Pulver lagert (zumindest in gewissen Grenzen), desto besser wird seine färberische Qualität. Mit diesem Pulver, in dem das Alizarin angereichert ist, kann man die entsprechenden Stoffe sehr lichtecht und sehr durchschlagend knallrot färben.

Noch im vorigen Jahrhundert wurde diese Pflanze, die im gesamten Mittelmeerbereich wild wächst, im großen Stil auch in Mitteleuropa angebaut. In Frankreich färbte man zum Beispiel mit Krapp die roten Hosen der Soldaten. Allerdings gelang es 1870, den Farbstoff Alizarin synthetisch herzustellen, was zum großen Niedergang des Anbaus der Färberröte führte. In Europa wird Krapp heute kaum mehr angebaut.

Der Kermes und das Koschenillenrot

Neben dem Krapp spielte der Kermes in der Kulturgeschichte der roten Farbe eine große Rolle. Die Kermes-Schildlaus lebt auf einer immergrünen Eiche, die in Palästina heimisch ist. Schon die Phönizier färbten mit dem Kermesrot – eine Luxusfarbe und der Inbegriff alles Schönen – ihre Wolle für kostbare Gewänder und Tücher. Es ist eine wirklich brillante, lichtechte und leuchtende Farbe, für die allerdings sehr viele Läuse gesammelt werden müssen. Im Gegensatz zur pflanzlichen Färberröte, die aus der Türkei nach Mitteleuropa kam, ist der Kermes ein tierisches Färbemittel, dessen Grundbestandteil die weibliche Schildlaus darstellt. Man muß etwas mehr als 140 000 weibliche Schildläuse sammeln, diese dann über lange Zeit gut austrocknen, sie zu einem feinen Pulver zermahlen, um etwa zehn Kilogramm Wolle einfärben zu können.

Damals ließ man sich die Schönheit schon etwas kosten. Rot, ob als Krapprot oder Kermesrot, war nicht nur schön, sondern überaus kostbar. Seit der Entdeckung und Synthetisierung der modernen chemischen Anilinfarben und der industriellen Herstellung von Kadmiumfarben ist Rot keine besondere Farbe mehr.

Aber dennoch hat die Chemie das natürliche Rot noch nicht vollständig verdrängen können: Im Campari und in den Lippenstiften wird heute noch ein Rot benutzt, das aus den Koschenillenläusen hergestellt wird, die auf Kakteen leben. Auf den Kanarischen Inseln wurden große Kakteengärten besonders auf Lanzarote angelegt. Hier leben diese Koschenillenläuse, eine der Kermeslaus eng verwandte Schildlausart, die einen karminsäurehaltigen roten Farbstoff enthält, von dem der Name Karminrot abstammt. Dieses Karminrot stellt seit jeher die beliebteste Lippenstiftfarbe dar.

Der Purpur

Als schönstes und vornehmstes Rot galt im Altertum der Purpur. Schon in der Bibel (im Evangelium des Lukas) finden wir Purpur als die Symbolfarbe des Reichtums und der Vornehmheit. In der Parabel vom armen Lazarus und dem reichen Mann tritt der Reiche in Purpur gekleidet auf.

Der Purpur wurde aus der Purpurschnecke gewonnen, die im gesamten Mittelmeerraum und besonders vor der phönizischen Küste heimisch war. Als Folge ihrer enormen Ausbeutung ist die Purpurschnecke heute fast ausgestorben. Der Nachteil der Färbung mit der Purpurschnecke lag in ihrer Unergiebigkeit. Man braucht vom Gewicht her gesehen sechsmal so viel Schnecken, wie man Stoff zum Einfärben hat. Allerdings war dieser Farbstoff der Purpurschnecke geradezu unbegrenzt haltbar und nicht nur höchst lichtbeständig, sondern das Sonnenlicht brachte diese Farbe erst zu ihrem richtigen Glanz, so daß sie zum Symbol der ewigen Schönheit werden konnte. Der Purpur galt nicht nur als schönste, sondern auch als heilige, göttliche und königliche Farbe, mit der die Götterstatuen besonders der

Unterweltgötter bekleidet wurden. In Rom war es ein Vorrecht der Cäsaren, vollständig purpurrote Kleidung zu tragen, anderen Bürgern war dies bei Todesstrafe verboten.

Bei den Israeliten trugen die Hohen Priester ein Purpurgewand, das Gottes ewige Schönheit und Kraft verdeutlichte. Für die Bischöfe der katholischen Kirche gibt es heute noch den Farbton des römisch Violett, der dem alten, aus der Purpurschnecke gewonnen Purpur nachgeahmt ist.

Der Karfunkel

Rot ist also eng an die Schildläuse, an eine fast ausgestorbene Schnecke und an die Färberröte, jenes anpassungsstarke Mittelmeergewächs, gebunden. Doch spielte auch das Mineralreich das ganze Mittelalter hindurch für das schöne reine Rot eine wesentliche Rolle. Und es scheint, als ob heutzutage die Zeiten des mineralischen Rots wiederkehren würden, wenn man sich die Fülle der Steinbücher betrachtet. Aus der Farbe des Steins spricht die Weisheit der Erde, die uns verlorengegangen ist und die wir in der Beschäftigung mit Stein und Mineral wiederzuerlangen suchen.

Was der rote Ferrari in der Autowelt ist, das war der Karfunkel im Mittelalter: ein roter Stein, den der Adel unbedingt besitzen wollte. Der rote Stein galt als der schöne Stein, ja mehr noch, als Ideal des Perfekten, der Harmonie und der Macht. Jeder schön leuchtend rote Stein wurde Karfunkel genannt, ob es sich um einen Rubin, einen Granat oder ein Stück rote Koralle handelte. Der rote »Carbunculus«, wie man den Karfunkel im Mittelalter nannte, kommt aus den Tiefen der alten Erde, und er möchte von den Menschen benutzt werden, um ihnen zu helfen. Seine anziehende Schönheit schenkt uns Energie und Lebensfreude, die der Erdmutter entstammt, die mit dem schönen Rot auf ihre Kräfte aufmerksam macht. So zerrieb man als

Papst und Kaiser, als Ritter und Burgfräulein Rubine und Granate zu feinem Pulver, das man dann im Rotwein trank. Dieses schöne Rot sollte den Körper wärmen, beleben und selbst tote Lebensgeister wecken.

Den Alchemisten des späten Mittelalters galt in ihrer hermetischen Kunst der Karfunkel als Symbol der Vereinigung des männlichen Geistes mit der weiblichen Essenz. Bei ihnen stand der Karfunkelstein für den Prozeß der »Rubedo« (der Rötung), wo sich in Schönheit und Harmonie die Gegensätze verbinden. In der eigenartig märchenhaften, geradezu alchemistischen Erzählung von *Pictors Verwandlungen* (Hermann Hesse) läßt der grün-rote Vogel den roten Karfunkelstein niederfallen, der rot wie Blut und wie die heiße Glut leuchtet. Dieses rote Leuchten wirbt so laut, daß das Mädchen als Symbol des Weiblichen ihn findet. Die kurze Episode endet dann etwas unverhofft mit der Feststellung, daß dort, wo der Karfunkel ist, es nie dunkel sein kann – oder wie man es im Mittelalter auszudrücken pflegte: Die Schönheit des Karfunkels vertreibt die Finsternis durch ihr intensives Leuchten.

Der schönste rote Stein stammt allerdings nicht aus dem Schoß der Erde, ihn findet man unter dem Horn des Einhorns, in seinem Gehirn oder sogenannten Kopfbein. Sein zauberisch funkelndes reines Rot ist von solcher Schönheit, daß es ein unreiner Mensch nicht anzusehen, geschweige denn anzufassen mag[3]. Wenn man diesen roten Stein – von einer Jungfrau natürlich – geschenkt bekam, dann konnte man nicht nur unsterblich werden, sondern auch Tote wieder zum Leben erwecken.

Bei der Heilung mit Steinen geht man davon aus, daß Rubin und Granat uns den Urkräften des Lebens öffnen und uns die Gesundheit und Lebenszugewandtheit schenken, die für die rosige Gesichtsfarbe, die roten Wangen und die feuerroten Lippen verantwortlich sind. Allerdings ist man von der Benutzung des Steinpulvers abgekommen, da viele Adlige diese Kur nicht überlebten. Man meditiert auf die Farbe des entsprechenden Steines und wird so eins mit dessen Rot, das einen ganz umfängt und einen voll in sich aufnimmt. Man bekommt geradezu das Gefühl, in den roten Stein hineingezogen zu werden.

Beim Kauf eines roten Steines achten Sie bei Rubin und Granat weniger auf deren Form[4] und Größe, sondern hauptsächlich auf die Reinheit seiner Farbe. Gehen Sie völlig von der Farbschattierung des roten Steines aus. Legen Sie diesen Stein neben Ihr Bett, so daß Ihr erster Blick morgens und Ihr letzter Blick abends auf den Stein fällt. Wenn Sie sich mit dem Rot Ihres Steines befreundet haben, dann können Sie bis zu fünfzehn Minuten mit offenen Augen auf diesen meditieren. Legen Sie ihn so hin, daß das Licht einer Kerze auf den Stein fällt. Allerdings bauen Sie eine solche Steinmedition am besten langsam auf, indem Sie zunächst nur für eine Minute auf Ihren Rubin oder Granat meditieren und dann langsam, wenn Sie sich bereit dazu fühlen, die Meditationszeit verlängern.

Die rote Erde

Der schöne rote Stein gilt als die kristallisierte und somit hoch vergeistigte Form der Erde. Er wurde in der mittelalterlichen Malerei fein zerrieben und dann mit Leinöl zur Malfarbe verbunden. Mit solchen roten Edelsteinpigmenten malte man die Kleider der Heiligen und später die der weltlichen Herrscher. War der Grundbestandteil der Farbe sehr edel – das heißt: selten – , dann wurde diese Farbe als schön betrachtet.

Die Erde, besonders als eisenhaltige Wüstenerde, bietet aber auch in ihrer normalen Krümelstruktur einen guten Grundstoff für ein rotes Farbpigment. Hier ist besonders die rote Erde von Siena zu erwähnen, die Grundbestandteil des nach ihr benannten Sienarots ist. Die Malschulen der Toskana im ausgehenden Mittelalter und besonders in der Renaissance griffen auf diese Erde zurück, um sich ihr Rot zu ermischen. Dieses Sienarot ist allerdings längst nicht so lichtecht wie das Krapp- und das Kermesrot. Es zeigt auch seine Herkunft von der Erde dadurch an, daß es als gebranntes Siena – wie es noch heute genannt wird – einen Hang zum Braunen besitzt.

Die wohl älteste Erdfarbe ist jedoch der Rötel, der seit der Steinzeit zum Beispiel in den Höhlenmalereien und zur Bemalung der gebleichten Knochen der Toten benutzt wurde. Dieser Rötel ist ein Gemenge aus Ton und Eisenocker. Er besitzt wie das Sienarot oder das gebrannte Siena einen Stich ins Gelbbraune und wurde in der Renaissance als Rötelstift ausgiebig zur Skizzierung und zum Vormalen benutzt. Am bekanntesten sind wohl die Skizzen von Leonardo da Vinci in Rötel. Noch heute sind Rötelstifte im Handel erhältlich, die besonders für Planskizzen und für das Vorzeichnen benutzt werden. Ich selber liebe das Rötel-Rot mit seinem äußerst warmen rotbraunen, stumpfen Ton sehr.

Was ist das echte Rot?

Ich habe mich oft gefragt, was ist denn das richtige, das wahre und echte Rot?

Theoretisch könnte man zunächst einmal antworten: ein Rot ohne Gelb- und Blaueinmischungen. Aber können Sie das erkennen, ob Ihr Rot einen Gelb- oder Blaustich aufweist? Die Drucker antworten, daß Magenta das wahre Rot sei. Magenta ist die Farbe, in der alte Bahnhofsuhren, wie man sie bisweilen auf dem flachen Land noch findet, gestrichen wurden. Dieses Magenta wirkt je nach seiner Farbumgebung mehr oder weniger blaustichig und sehr kalt.

Bei der zu Beginn genannten wissenschaftlich-psychologischen Untersuchung ergab sich, daß die meisten unserer Zeitgenossen ein gelbstichiges warmes Rot als das ideale Rot empfinden. Sieht man sich mit den Augen des Historikers das Rot an, so kann man sagen, daß sich seit der Goethe-Zeit im 18. Jahrhundert das als ideal empfundene Rot vom eher kalten Rot zum warmen Rot hinbewegt hat. Was wir heute landläufig als Rot empfinden, hätte Goethe als Orange bezeichnet.

Die Symbolik von Rot hat sich ebenfalls über die Jahrhunderte hin verändert. Rote Stop-Signale und das berühmte rote Telefon stellen eine relativ neue kulturelle Erfahrung dar, wohingegen Rot als Symbol des Feuers schon im Ägypten zur Zeit des Baus der großen Pyramiden (um 2000 v. Chr.) bekannt war.

Die Grundbedeutungen von Rot haben sich nicht gewandelt, da sie an immer wiederkehrende konkrete Erfahrungen des Menschen gebunden sind. Rot ist das Blut, die Glut des Feuers und das reife Obst. Das alles sind Urerfahrungen mit der Farbe Rot, auf die ich in den einzelnen Kapiteln genau eingehen werde. Die Hauptfrage, die sich mir in diesem Buch stellt, lautet: »Was macht Rot mit uns?« Ich frage mich, warum Rot mit den unterschiedlichsten Eigenschaften und Bedeutungen verbunden wird und was wir heute von der Farbe Rot lernen können.

Zu den Übungen

Neben dem erläuternden Text wird dieses Buch viele Übungen beinhalten, da man eine Farbe nicht nur von außen her, rein theoretisch erfassen kann, sondern sie muß erlebt werden. Sie werden bei diesen Übungen deutlich bemerken, wie Rot die Kraft besitzt, Sie in die Gegenwart zu bringen. Rot macht präsent! Bedenken Sie jedoch immer bei den Übungen, daß Rot gut dosiert werden möchte, um zu vermeiden, daß man mehr Energie aufnimmt, als für einen gut ist. Wer zur Nervosität neigt oder unter Streß leidet, der sollte vorsichtig mit Rot umgehen.

Der erste Schritt zum Erleben der Farbe Rot liegt im Malen. Ich möchte Sie anregen, die hier im Buch aufgeführten Abbildungen mit Farbstiften auszumalen. Erleben Sie, wie sich die weiße Papierfläche in eine rote Bildfläche verwandelt und wie sich Ihre Gefühle dabei ändern. Sie werden Rot mit anderen Farben mischen und wahrnehmen, wie sich mit dem Charakter der Farbe Rot auch die Wirkung dieser Farbe auf Sie selbst wandelt. Man kann hierbei zu einer genauen Wahrnehmungsfähigkeit kommen, die durch diese kleinen, einfachen Übungen erlernbar ist. Sie können die psychologische Wirkung des Malens noch steigern, wenn Sie vor dem Ausmalen der Abbildungen im Buch hier den Namen der gewählten Farbe laut aussprechen und auf sich wirken lassen. Versuchen Sie Ihren Rotton so genau wie möglich sprachlich zu beschreiben: zum Beispiel stumpfes Dunkelrot oder leuchtendes Tomatenrot. Bei all diesen Übungen trennen Sie sich von der erdrückenden Idee, diese künstlerisch gestalten zu wollen. Es geht um Ihr Gefühl, um Ihre emotionale Erkenntnisfähigkeit, und nicht darum, ein Kunstwerk zu schaffen. Versuchen Sie in meditativer Absichtslosigkeit die gestellten Übungen auszuführen und sich mit Körper, Geist und Seele der Farbe zu öffnen.

Neben den Malübungen mit Buntstiften werde ich Sie zum Aquarell-Malen anregen. Mit Aquarellfarben können Sie sich noch tiefer in die Dynamik und in den Fluß einer Farbe einschwingen. Allerdings kann man mit Aquarellfarben nicht auf dem Papier dieses Buches malen. Dazu benötigen Sie einen Aquarellblock. Als Aquarellfarbe können Sie für diese Übungen Cadmium-Rot, Brillant-Rot oder auch Krapplack benutzen und zwar sowohl in Tuben als auch in Töpfchen. Als Pinsel würde ich eine Stärke zwischen 6 und 8 empfehlen.

Neben dem Malen werde ich Visualisierungsübungen und Traumreisen angeben, bei denen Sie sich die Farbe Rot so genau wie möglich vorstellen. Führen Sie die Vorstellungsübungen mit geschlossenen Augen und einer entspannten, aber konzentrierten Geisteshaltung durch. Es ist bei den Visualisierungsübungen gar nicht so wesentlich, ob Sie das Rot konkret wie das Foto einer roten Fläche oder wie eine rote Farbwolke vor Ihren geschlossenen Augen sehen. Wichtig ist vielmehr, daß Sie eine Ihnen entsprechende Vorstellung von Rot bekommen.

Die Traumreisen zu den einzelnen Aspekten der Farbe Rot können Sie sich entweder auf eine Musikkassette sprechen oder sich vorlesen lassen. Vielleicht benutzen Sie die Texte auch nur, um sich anregen und Ihre Fantasie in eine bestimmte Richtung schweifen zu lassen. Sie hören sich die Traumreisen am besten mit geschlossenen Augen bequem liegend oder sitzend an. Sie sollten ebenfalls mit geschlossenen Augen liegen oder sitzen, wenn Sie sich von dem hier angegebenen Text ausgehend eine eigene Traumreise vorstellen. Wichtig ist, bei allen diesen Übungen genau zu betrachten, was Rot in Ihnen bewirkt.

Die Übungen werden Sie meistens vor den Ausführungen finden, die das erläutern und in einen psychologischen, mythologischen oder historischen Zusammenhang stellen, was Sie dabei erlebt haben bzw. erleben können. Lassen Sie sich wirklich zuerst auf die Visualisierungs-Übung oder Traumreise ein, bevor Sie den nachfolgenden Text lesen, da Sie sonst zu leicht dahin tendieren, nur das zu erleben, was ich im Text anspreche. Vielleicht erleben Sie etwas ganz anderes. Wichtig ist nur, von dem konkreten Erleben auszugehen.

Wahrnehmungsübung

Nachdem Sie soweit gelesen haben, möchte ich Ihnen eine Übung anbieten, für die Sie das Buch beiseite legen, sich ruhig hinsetzen, die Augen schließen und sich vorstellen, was Ihnen alles zu Rot einfällt. Konzentrieren Sie sich auf Rot und lassen Sie alle Bilder, Ideen, Gedanken und Vorstellungen kommen, die mit Rot verbunden sind. Falls Sie abschweifen, dann stellen Sie sich wieder auf Rot ein, sobald Sie es bemerken.

Nehmen Sie sich etwa fünf Minuten Zeit für diese Übung. Öffnen Sie dann langsam Ihre Augen, und schauen Sie sich in Ihrem Zimmer um. Nehmen Sie alle Rottöne darin bewußt wahr, und lassen Sie sich überraschen, von wieviel Rot Sie umgeben sind.

Es kann bei dieser Wahrnehmungsübung geschehen, daß man nach dem Öffnen der Augen einzig rote Gegenstände sieht, während die anderen Farbtöne wie hinter einem grauen Schleier zurücktreten. Um diesen Effekt jedoch zu erreichen, muß man diese Übung öfters ausführen.

Machen Sie sich nun bewußt, wie Sie sich fühlen, nachdem Sie sich derart intensiv auf die Farbe Rot eingelassen haben. Haben sich während oder nach dieser Übung Ihre Gefühle geändert? Bewirkt das Rot etwas bei Ihnen oder läßt es Sie unberührt? Und nun fragen Sie sich, warum Sie so an Rot interessiert sind, daß Sie dieses Buch lesen. Irgend etwas muß Sie an der Farbe Rot reizen und packen, sonst hätten Sie nicht zu diesem Buch gegriffen. Oder ist der Grund für Ihre Beschäftigung mit Rot ein Gefühl der Fremdheit dieser Farbe gegenüber und zugleich der Versuch, mit dieser Energie Freundschaft zu schließen?

Mich hat die Farbe Rot in meine Kindheit zurückgebracht. Als ich zum ersten Mal diese Übung machte, fiel mir zunächst »Rotkäppchen« ein und dann ein Bilderbuch voller roter Mohnblumen und mit Zwergen, die auf Fliegenpilzen saßen. Natürlich besaß ich einen roten Ball, und ich erinnerte mich plötzlich an mein rotes Lieblingsauto aus Holz. Von der Kindheit brachte mich das Rot zur Liebe, zu roten Rosen und jenem am Anfang erwähnten rot geschriebenen

Liebesbrief mit rotorangenen Herzchen darunter. Als ich die Augen dann wieder öffnete, war ich erstaunt, mit wieviel Rot ich mich umgebe. Das hatte ich nie zuvor bewußt wahrgenommen. Auf einmal hatte mich Rot gepackt, und so entstand auch der Plan zu diesem Buch.

Rot wurde für mich plötzlich zu einer aufregenden Farbe, die mich aus einer gewissen Erstarrung löste. Ich habe seitdem diese Übung oft wiederholt, und je nach Stimmung führte sie mich in immer neue Welten ein. Ich lernte meine unterdrückten Aggressionen und die damit verbundenen Ängste kennen, meine Liebe zum Feuer als mich heilendes Element und meine verdeckte Schüchternheit. Ich habe vorher nicht gewußt, daß man eine Farbe wie Rot als seinen Therapeuten annehmen kann, der einen zu tief verschütteten Gefühlen führt.

Ich würde Ihnen empfehlen, diese kleine Übung öfter durchzuführen. Sie werden sehen, daß sie sich nicht abnutzt und beständig etwas Neues für Sie zu bieten hat. Lassen Sie sich von Rot leiten.

Führt man diese Übung mit anderen Farben durch, wird man bemerken, daß keine andere Farbe – außer vielleicht Schwarz – solche tiefe psychologische Wirkung besitzt wie Rot. Rot ist nämlich nicht nur eine Farbe unter vielen anderen, sondern zunächst einmal eine der drei Grundfarben, die auf der Farbebene Urqualitäten verdeutlichen. Hinter diesen Grund- oder Primärfarben (Farben, die man sich nicht aus anderen Farben ermischen kann) stehen Archetypen. Aber auch unter den drei Grundfarben nimmt Rot eine besondere Stellung ein, da es als Mutter der Farben gilt. Das drücken noch einige Sprachen deutlich aus, wenn sie wie im Altspanischen das gleiche Wort für »Rot« und »bunt« oder »farbig« benutzen.

Rot ist also eine Farbe besonderer Kraft, die historisch gesehen am Anfang unserer Kulturgeschichte steht. Schon in der Altsteinzeit wurde die rote Erdfarbe im Totenkult benutzt. Wenn Sie die eben beschriebene Übung öfter durchführen wollen, dann machen Sie sich vorher die Besonderheiten von Rot bewußt. Versuchen Sie, die Kraft von Rot zu spüren und sich ihr zu öffnen. Rot kann Sie allerdings auch in Ängste führen, denn jede derart ursprüngliche Kraft wirkt auch beängstigend auf uns. Wenn Sie bei der Konzentration auf die Farbe Rot Ängste in sich hochsteigen fühlen, dann schauen Sie sich diese Ängste an und gehen nicht gleich aus der Übung heraus. Solch eine Urkraft wie Rot besitzt einen mächtigen Schatten, der genauso zu ihr gehört wie ihre Sonnenseite als Farbe der Liebe, des Lebens und der Freude. Beide Seiten zusammen machen Rot aus: die Aggression und die Liebe, das Leben wie der Tod. Rot ist so mächtig, da es solche Urwidersprüche in sich vereint.

Das harmlose, domestizierte Rot stellt dagegen Rosa dar. Es ist ein gebrochenes Rot, das auf mich immer etwas kitschig wirkt. Wenn Sie jetzt die gleiche Übung mit Rosa durchführen, werden Sie bemerken, welche Kraftunterschiede es in der Welt der Farben gibt. Kinder werden seit dem 19. Jahrhundert als Mädchen in Rosa oder als Jungen in Himmelblau gekleidet, da sich hierin farblich das Werdende ausdrückt: Das Rosa möchte sich zur vollen Kraft des Rots entwickeln, wie das Himmelblau der reinen Urkraft des Blaus zustrebt.

Dies mag zur einleitenden Annährung an Rot genügen. Ich hoffe, daß die Farbe Rot Sie spätestens jetzt angesprochen hat und möchte Sie auffordern, während des Lesens dieses Buches im Zwiegespräch mit Rot zu bleiben, um das Rot in Ihrer Psyche zu befreien.

Allgemein einführende Informationen zu Rot

Rot ist eine Primär- oder Grundfarbe, die man sich nicht aus anderen Farben ermischen kann.

Wellenlänge: 640 bis 780 Nanometer (die größte Wellenlänge der Farben)
Temperatur: lau bis warm
Temperament: dynamisch bis aggressiv
Element: Erde (da Rot als die dichteste Farbe gilt)
Chakra: Basis-Chakra (Muladhara)
Organ: Nebenniere
Aroma: Zeder, Nelke, Lotus
Stein: Granat, Rubin, (Achat, Jaspis)
Planet: Mars
Sternzeichen: Widder

Anmerkungen

1 Mallasz, Gitta: *Die Antwort der Engel.* (Daimon) Zürich [3]1984, S. 144
2 Ray, Clarissa: *Die persönliche Magie der Farben.* Symbolkraft, Psychologie und Heilenergie. (Edition Tramontane) Bad Münstereifel 1991, S. 12
3 Vgl. hierzu genauer: Vollmar, Klausbernd: *Das Geheimnis der Farbe Weiß. Unschuld und Verführung.* (Bruno Martin) Südergellersen 1989, S. 43 – 50
4 Allerdings kann der Schliff eines Granats oder Rubins dessen Farbwirkung enorm verstärken. Leider sind jedoch exakt geschliffene Steine – hier ist der facettenartige Diamantschliff dem runden Cabochon-Schliff eindeutig vorzuziehen – sehr teuer und nicht so leicht zu bekommen, da sie hauptsächlich in Schmuckstücken verarbeitet werden.

Weitere interessante Literatur zu diesem Kapitel:

Neumann, Erich: *Die Große Mutter,* Olten, Freiburg 1985, S. 109
Steiner, R.: *Das Wesen der Farben,* a.a.O., S. 102
Gimbel, Theo: *Healing Through Colour,* (Daniel Publ.) Saffron Walden [2]1985
Kraaz, Ingrid, u. Rohr, Wulfing von: *Die richtige Schwingung heilt* (Goldmann) München [3]1989
Heller, Eva: *Wie Farben wirken,* (Rowohlt) Reinbek 1989
Noll-Brinkmann, Christine: *Zur Sexualität der Farbe.* In: Kunstforum Bd. 107, April/Mai 1990, S. 102 – 104

DER ROTE BALL, DAS BLUT UND DIE LEBENSFREUDE

Rot als Lieblingsfarbe der Kinder

»Werdet wie die Kinder...«
(Bergpredigt)

Zu Beginn dieses Kapitels möchte ich Sie bitten, den großen Kreis in Abbildung 1 mit rotem Farbstift deckend auszumalen. Falls Sie einen Kasten mit Buntstiften besitzen, legen Sie sich alle Stifte mit einem roten Farbton heraus und schauen Sie, welches Rot Sie am meisten anspricht. Greifen Sie zu Ihrem Lieblingsrot! Falls Sie sich nicht spontan entscheiden können, probieren Sie die einzelnen Rottöne neben dem Kreis aus und wählen Sie dann.

Tragen Sie die Farbe Schicht für Schicht auf, bis kein Weiß des Papiers mehr durchscheint und der Kreis mit einem gleichmäßigen Rot vor Ihnen erstrahlt.

Wovon wurden Ihre Gedanken bei dieser Malübung angezogen? Machen Sie sich klar, woran Sie während des Ausmalens gedacht haben. Welche Gefühle setzte das gewählte Rot in Ihnen frei? Versuchen Sie, in einem Satz auszudrücken, wie dieser rote Kreis jetzt auf Sie wirkt.

Was Kinder lieben

Die meisten Personen, die zum ersten Mal diese Ausmalübung durchführen, werden an einen roten Ball erinnert und somit an ihre Kindheit. Den roten Ball, die Zwerge mit ihren roten Zipfelmützen, die Heinzelmännchen mit roten Haa-

Abb. 1:
Der rote Kreis

ren, rotem Wams und knallroten Kappen und den Fliegenpilz[1] findet man im Kinderbuch. Kinder lieben Rot, weil es einen anspringt. Es fällt auf, drückt Dynamik aus und gilt als die Farbe mit der stärksten Anziehungskraft.

Rot ist mit Bewegung und Erregung untrennbar verbunden. Daß Rot wirklich etwas in Bewegung setzen kann, zeigt sich beim Brotbacken. Ein rotes Tuch über den Brotteig gedeckt, läßt diesen besser gehen. Im Garten wächst der Spinat unter Rotlichtbestrahlung viermal so schnell wie normal. Rot führt also nicht nur den Menschen Energie zu und bringt sie in Bewegung, es wirkt bewegungsanregend im gesamten Naturreich. So kann man auch verstehen, daß in der Yoga-Philosophie das untere Energiezentrum, von dem alle Bewegungsenergie ausgeht[2], mit Rot symbolisiert wird. Der Inder stellte sich schon immer das aktive Prinzip des Aufbaus – Brahma, der Schöpfer genannt – rot vor. Und nicht aus Zufall ist der buddhistische Gott des Tanzes (Padmanarteshvara, der Herr des Tanzes mit dem Lotus) ebenfalls knallrot.

Rot ist Bewegung und Kinder lieben die Bewegung, wie uns die Geschichte vom Zappelphilipp zeigt. Rot ist nur deswegen entgegen seiner farbpsychologischen Wirkung als internationales Stop-Signal erkoren worden, weil es sich bestens vom grünen Hintergrund der Natur und dem Grau der Städte absetzt. Auf der Höhe der Ampel kommt Rot selten in der Natur vor und kann deswegen nur schwer übersehen werden. Rot springt einen in seiner Bewegung an. Das ist es, was den Verkehrsteilnehmer warnt und was die Kinder anzieht. Erwachsene charakterisieren häufig Rot als zu grell, Kinder dagegen betrachten es als eine lustige Farbe.

Obwohl oder gerade weil Rot aufregt und Bewegung bringt, kann man jedoch die rote Farbenergie auch dazu benutzen, um sich zu beruhigen. Wenn Sie abends vor dem Einschlafen mit geschlossenen Augen im Bett liegen und die Hektik des Tages und aller Streß in Ihnen noch nachklingt, dann visualisieren Sie rote Flecken vor Ihren inneren Augen, die dort zu wandern scheinen. Nachdem Sie diese Flecken eine Weile betrachtet haben, lösen Sie diese auf und lassen sich dabei tiefer und tiefer in das heilende Dunkel der Nacht fallen.

Diese kleine Visualisierungsübung empfiehlt sich sehr, wenn man vor innerer Unruhe nicht einschlafen kann. Sie werden bemerken, wie leicht es ist, Rot zu visualisieren, wenn man innerlich aufgeregt ist. Die Taoisten Chinas entwickelten Wahrnehmungsübungen von Farben, die man in einem völlig dunklen Raum durchführt. Bei diesen Übungen zeigen rote Farbflecken vor den geschlossenen Augen Nervosität an. Ich beobachtete, daß die Auflösung dieser roten Flecken tiefe Ruhe bringt.

Auch die Buddhisten pflegen eine ähnliche – allerdings viel kompliziertere – Meditation vor dem Einschlafen, wenn sie sich einen roten Buddha oder den roten Karmapa[3] über ihrem Kopf vorstellen. Sie vereinigen sich mit ihm, indem sie ihn durch ihr Kronenchakra (Sahasrara)[4] aufnehmen, um ihn dann in den roten Lotus ihres Herzens zu führen. Der rote Lotus des Herzens schließt sich und vom Herzen geht eine rote Strahlung aus, die den inneren Raum des Meditierenden und seine Umgebung erleuchtet. Rotes Licht strahlt in alle Himmelsrichtungen. Dann schläft der Meditierende ein, um morgens beim Aufwachen dieses Bild wieder aufzulösen. So beginnt man den neuen Tag ruhig, gelassen und gereinigt von allen Geistesgiften (falschen Einstellungen).

Bei einer Umfrage über die Wirkungen der Farben, die 1988 in Deutschland durchgeführt wurde, zeigt sich nicht nur, daß Rot nach Blau die zweithäufigste Lieblingsfarbe von Frauen und Männern in unserer Kultur darstellt, sondern daß sie auch zugleich mit Abstand die erste Lieblingsfarbe der Kinder ist.

Kinder besitzen ein erstaunlich starkes Ego, was uns Erwachsene bisweilen zur Weißglut bringen kann (weil sich unser Ego als schwächer erweist?). Und nicht nur im Buddhismus ist die Symbolfarbe des Ego Rot. Wenn es einem gelingt, dieses egobesetzte Rot umzuwandeln und damit Gier und Getriebenheit zu überwinden, dann wird Rot zur Farbe der unermeßlichen Freude. Die Kinder streben unbewußt diesen Zustand der unermeßlichen Freude an, wenn sie dabei allerdings auch immer wieder von der Gier heimgesucht werden. »Werdet wie die Kinder. . .« mag auf dieser Ebene bedeuten, daß wir spontan und offen den Zustand der Freude anstreben, und dafür steht das befreite Rot, jenes Rot des Lotus im Herzen und des roten Lichtes, das den inneren und äußeren Raum erleuchtet.

Sicherlich geht es auf die Beobachtung zurück, daß Kinder Rot vor allen anderen Farben lieben, wenn unsere Vorfahren Kindern gegen den bösen Blick, gegen Verhexung und Dämonen ein rotes Band um das (meist linke) Handgelenk oder auch um den Hals knüpften. Man kann hier eine Parallele zwischen der Verhexung und den Dämonen in unserem Kulturbereich und den Geistesgiften im asiatischen Kulturbereich erkennen[5]. Die Kinder sollen also mit Rot vor falschen geistigen Einstellungen beschützt werden. Nach dem Talmud[6] band man rote, mit (Zauber)Knoten versehene Schnüre um den Hals der Kinder, um Krankheiten aller Art fernzuhalten. Und bis ins 19. Jahrhundert hinein nähte man an die Babykleidung rote Bänder. Die Babys liebten es zum einen, an diesen roten Bändern zu zupfen, und zum anderen sollte Rot – wie schon bei den Juden und Buddhisten – das Baby allgemein beschützen.

Um zu zeigen, wie Rot überkulturell als Farbe der Kinder gilt, mag hier noch ein letztes Beispiel aus China genügen, wo die Kinder in früheren Zeiten knallrot gekleidet herumliefen, da dort wie in Ägypten, bei den Indern und den Griechen Rot als Glücksfarbe galt.

Wenn die Kinder so mit ihrer Lieblingsfarbe gegen Krankheiten und andere Übel geschützt werden sollten, muß man auch bedenken, daß viele Kinderkrankheiten, wie Scharlach, Röteln und Masern, mit Rot verbunden sind. Gemäß dem analogen Denken, das wir heute noch in der Homöopathie antreffen (Gleiches wird mit Gleichem geheilt), hilft Rot gegen diese Kinderkrankheiten, die man auch durch Auflegen von roten Blütenblättern (meist Rosenblättern) zu mildern suchte. Sagen wir nicht noch heute, daß rote Äpfel und Erdbeeren die Kinder erfreuen und den Arzt dem Hause fernhalten?

Allerdings wandelte sich im 18. und besonders im 19. Jahrhundert die Einstellung zu Rot. Das Rot, das vorher die Kinder vor Krankheiten schützen sollte, wurde auf einmal als krankmachendes Rot angesehen. Als die Welt begann, zunehmend unruhiger zu werden, fiel Rot zunächst einmal in Ungnade. Es regte zu sehr auf. Plötzlich behauptete der Volksglauben, daß die roten Bänder besonders dem männlichen Säugling Unglück bringen sollten. Rot errege die Kinder viel zu sehr, um gesund zu wirken, sagte man.

Wenn wir uns das bekannte Märchen vom Rotkäppchen und dem Wolf anschauen, dann ist das Rotkäppchen bei seinem Abenteuer im Wald letzendlich durch sein rotes Käppchen geschützt. Den dunklen Wald als der Ort, an dem das Mädchen auf seine eigene Wildheit trifft, betritt sie mit dem roten Kopf: Sie ist erregt und sicher etwas ängstlich. Hier werden ja die eigenen Triebe erlebt, und das Phallische des roten Käppchens kann selbst der prüdeste Leser dieses Märchens nicht übersehen. Man könnte hier von einer Initiation in die Weiblichkeit sprechen, wenn Rotkäppchen dem Wolf begegnet und gar von ihm als dem wilden Trieb mit Haut und Haar gefressen wird. Aber hat nicht das Rotkäppchen gerade mit seinem roten Käppchen den reißenden Wolf angelockt? Und weiß es nicht genau, daß man auf den Abwegen des Waldes seinen Trieb entdeckt, der natürlich für das moralisierende Kindermärchen böse ist? Ist es männliche Fantasie, wenn ich sage, daß das rote Käppchen, das immerhin die Identität dieses Mädchens ausmacht, genau darauf hindeutet, was Rotkäppchen suchte? Und wird nicht das Rotkäppchen vom Mädchen zur Frau, indem es gefressen, aber auch wieder befreit wird? Zumindest endet alles – außer für den Wolf – mit einem Happy-End. Wie hätte es auch bei einem Märchen, dessen Überschrift schon mit Rot beginnt, anders sein sollen?

Wo wir uns jetzt schon im Märchenwald der deutschen Literatur befinden, möchte ich gerne das so unendlich romantische Märchen von Hyazinth und Rosenblütchen erwähnen. Es ist einer jener von der großen Sehnsucht durchwehten Texte von Novalis, in dem der romantische Wald mit seinen Tieren die geheimnisvolle Kulisse für die schwierige Liebe zwischen Hyazinth und dem roten Rosenblütchen mit kirschroten Lippen und brandrabenschwarzen Augen abgibt.

Auch Hyazinth hat etwas vom Roten[7], sonst könnte er Rosenblütchen nicht verfallen. Der Psychologe würde sagen, das romantische Individuum weiß um sein Ego, das hier – wie im Buddhismus – durch Rot symbolisiert wird, sonst wäre der Rausch der Verliebtheit nicht möglich. Aber interessanterweise muß Hyazinth zuerst sein Herz mit grünen Farben erfüllen, die ihm ein kühles, stilles Wesen bringen. Erst danach erhält er sein Rosenblütchen zur Frau, und als Clou der Geschichte bekommen sie beide so viele Kinder, wie sie wollen. Sollten damit all die Rottöne zwischen Hyazinthrot und Rosenrot gemeint sein?

Auch hier bewährt sich das Rot im Wald des Unbewußten oder – in der Sprache von Novalis – dort, wo die Mutter der Dinge wohnt, die verschleierte Jungfrau[8]. Obwohl Novalis die Farbensymbolik liebt – er wurde immerhin durch seine blaue Blume berühmt – und in diesem Märchen Rot im Vordergrund steht, bezweifele ich, daß Kinder sich an diesem Märchen erfreuen würden, wie zum Beispiel an »Schneeweißchen und Rosenrot«. Das Kindermärchen scheint die Farben Weiß und Rot zu bevorzugen, auf die im Kapitel über die Farbkombinationen noch genauer eingegangen wird. Kinder lieben dagegen nicht so sehr das feine, in den Tiefen der Psyche aufgespürte Rot von Novalis, sondern vielmehr das platte, plakative und auffallende Rot. Das ist das Rot der Reklamewelt, das jenem Rot des Rotkäppchens eng verwandt ist. Es ist auf jeden Fall das auffällige Rot. Dieses Rot wird benutzt, wenn man im Druck etwas hervorheben möchte, obwohl die rote Schrift auf weißem Grund schwer lesbar ist.

Mit dieser Farbe korrigiert der Lehrer die Hefte. Im Arbeitsheft liebt man zweifelsohne als Kind das Rot nicht so sehr. Zuviel Rot zeigt den Verlust der Leistung an. Das wird sich auch für den Erwachsenen nicht ändern, der oft mit rotem Kopf auf rote Zahlen reagiert. Für die Schüler besitzt die rote Tinte eine Magie, die vom Stand der Lehrer eifrig gespeist wird. Mit roter Tinte schließt man bekanntlich Verträge mit dem Teufel ab. Rot zeigt den Fehler an, in dem sprichwörtlich der Teufel steckt, und deswegen darf der Schüler alle Farben im Heft benutzen außer Rot. Rot ist auch hier, wie in Goethes Farbenlehre, allen anderen Farben übergeordnet, denn der rote Text ist der richtige, der übergeordnete und Ausdruck der Autorität. Rot korrigiert, es macht das Falsche wieder richtig, und es kontrolliert nicht nur die Schulkinder, sondern auch die Soldaten der englischen Marine, indem diese ihre Seile mit einem roten Faden durchwirken ließ. Das stellte sich als hervorragender Diebstahlsschutz heraus.

Rot begegnet uns als Farbe der Freude, der Bewegung und des Glücks, und zugleich enthüllt es uns seinen Schatten: Hinter der Lieblingsfarbe der Kinder steht die Farbe des Ego, der Korrektur, der Kontrolle und Autorität. Dieser Schatten stärkt nur die Auffälligkeit des Rot, nach dem die

Kinder trotz allem gerne greifen. Und wir Erwachsenen verhalten uns auch nicht so viel anders als die Kinder und fallen ebenfalls auf dieses sich vordrängende Rot herein, wenn es in der Werbung auftaucht. Dann laufen die Erwachsenen genauso blind wie die Kinder hinter der knallroten Mütze des Rattenfängers (von Hameln) hinterher. Stellen Sie sich nur einmal eine Frau von hinten im knallroten Bikini vor oder den nackten Mann im rotseidenen Slip. Das sind die aus unserer Fantasiewelt genommenen Werbebilder, die verblüffend demonstrieren, daß die Psyche der Erwachsenen in ihrer Reaktion auf Rot in den Kinderschuhen steckt.

Jetzt schauen Sie sich abermals Ihren roten Kreis (Abb.1) an. Versuchen Sie zuerst, mit ganz kindlichen Augen den roten Kreis zu sehen und dann mit den Augen des Erwachsenen.

Rot als Farbe der Erdung

– von Rot zu Braun –

Nun malen Sie bitte das Quadrat in Abbildung 2 wieder Schicht um Schicht deckend mit einem echten Rot aus. Wählen Sie sozusagen das roteste Rot aus Ihren Farbstiften aus, ein »Rotrot« wie die Kinder sagen würden.

Wenn Sie wollen, können Sie diese Übung auch zusätzlich auf einem Aquarellbogen durchführen. Sie zeichnen mit Buntstift oder Kohle das Quadrat auf, nässen dann genau die Fläche des Quadrates gut ein und setzen einen roten, satten Farbklecks in die Mitte. Beobachten Sie, wie Rot im Fluß das Quadrat exakt ausfüllt.

Rot und seine geraden Begrenzungen: Platon, Rudolf Steiner und alle Bauhauslehrer wie Paul Klee, Wassily Kandinsky und Johannes Itten waren sich darüber einig, daß Rot die ideale Farbe für das Quadrat darstellt.

Abb. 2:
Das rote Quadrat

Haben Sie das beim Ausmalen nachempfinden können? Oder fanden Sie es natürlicher, den Kreis in Abbildung 1 rot auszumalen?

Rot ist die Farbe der Bewegung und der Dynamik, und stößt es auf die harten geraden Begrenzungen im Quadrat, muß es sich eingesperrt vorkommen. Aber nichtsdestotrotz ordnen in einer Umfrage des Bauhauses die überwiegende Mehrheit der Studenten Rot dem Quadrat zu[9]. Fühlen Sie nicht auch hierbei, daß in dieser Zuordnung eine Spannung lauert? Sollte sich hierin ausdrücken, daß wir die kindliche Aktivität und Freude des Rot begrenzen und domestizieren müssen?

Die Spannung zwischen Dynamik und Statik, zwischen Bewegung und Starre fasziniert mich am roten Quadrat. Rot im Quadrat ist der ideale Ausdruck dieser Spannung. Im Rot der Korrektur war diese Spannung schon angesprochen worden. Der Gedanke des Schülers wird, ähnlich wie das Auto an der Ampel, durch das rote Zeichen gestoppt. Dem roten Farbfluß wird im Quadrat durch die gerade Seite hart Einhalt geboten. Auf den zweiten oder gar dritten Blick besitzt nämlich Rot sehr wohl etwas Statisches: Es ist schon seit Platon die Farbe der Materie und der Erde. Die Erde wurde von ihm als rotes Quadrat oder roter Kubus unter der Spannung Statik und Dynamik gesehen, und diese Sichtweise hat bis heute unsere Kultur geprägt.

Immerhin wurde das rote Farbpigment lange Zeit aus der Erde gewonnen. Die Erde ist rot, denn Rot ist warm und mütterlich. Rot ist nach Ansicht der Bauhaus-Lehre angenehm lauwarm, es läßt einen näher rücken. Rot stellt die Farbgeste der Weiblichkeit dar, die der Erde als Mutter, als Hervorbringerin aller Materie[10]. So wurde Rot als die Mutter der Farben bezeichnet, wie die Erde die Mutter aller Wesen und jeglicher Materie genannt wird. Daß Rot auch radikal den männlich aggressiven Gegenpol beziehen kann, darauf werden wir später noch ausführlich im Kapitel über die Aggression zu sprechen kommen.

Als rot wurde der Roggenacker bezeichnet, auf dem Kain seinen Bruder Abel erschlug, nicht nur weil er dadurch mit Blut getränkt wurde, sondern weil junge Roggenpflänzchen rötlich gefärbt aufgehen. Ich würde diese Farbe allerdings eher Rotbraun nennen. Dieses Rotbraun stellt für mich die ideale Erdfarbe dar.

Damit Sie dies nachvollziehen können, malen Sie bitte mit Buntstift die Abbildung 3 wie angegeben aus.

Abb. 3:
Farbübergänge von Braun zu Violett

Braun ▶ Orange ▶ Rot ▶ Purpur ▶ Violett

Versuchen Sie die Farbübergänge von Braun über Orange, Rot und Purpur bis zum Violett hin so sanft wie möglich zu gestalten. Schauen Sie sich die Kraft, die Rot entfaltet, in deren gesamter Bandbreite an. Durch das Braun ist diese Bandbreite größer als die des Spektrums geworden.

Auf der warmen, linken Seite beginnt das Rot mit seiner braunen Ausstrahlung, mit der Farbe der Erde. Sollte es unser gebrochenes Verhältnis zu der Natur ausdrücken, daß dieses Braun als die unbeliebteste Farbe in unserer Kultur gilt? Das Braun steigert sich dann zur wärmsten Farbe des Spektrums, dem Orange hin.

Die Landwirtschaft des Altertums nutzte die magische Kraft der rotbraunen Farbe, die die Erde liebt. Gegen

Schädlinge des Getreides empfiehlt Plinius den Rötel, und mancherorts wurde der Acker auch mit Blut gesprengt, um die Schädlinge zu vertreiben. Die Erde sollte wieder gut, zur roten Erde werden.

Diese gute Erde wurde auch mit roten Ostereiern beschworen. Nach altem deutschen Brauchtum wurden den Kindern zu Ostern von den Eltern und Paten hauptsächlich rot gefärbte Ostereier geschenkt. Diese roten Eier symbolisieren, daß die Kinder gedeihen und fruchtbar werden sollten, auf daß sie reiche Ernte nach Hause tragen. Auf mehr weltlicher Ebene wird die Fruchtbarkeit von Mutter Erde beschworen, wenn der Knecht der Kuh, die als letzte im Jahr ein Kalb wirft, ein rotes Band um den Schwanz bindet.

Neben dem Bauern steht auch der Schatzgräber im engen Kontakt mit der Erde. Wie der Landwirt muß er sich mit Mutter Erde gut stehen, sonst gibt sie ihm nicht seine Schätze frei. Wie nicht anders zu erwarten, spielt in den Schatzgräbersagen das rote Tuch eine große Rolle. Auf den Umschlägen der Jugendbücher waren jedoch die Tücher der Schatzgräber in einem grellen Rot gestaltet. Dieses grelle Rot verbinden wir weniger mit der Erde, deren natürliche Farbe das ruhigere Braun darstellt. Aber die Jugendlichen sollten zugreifen und das Buch kaufen, und so war das Rot dieser Schatzgräber-Sagen genau richtig gewählt; es signalisierte Aufregung und Spannung.

Sie haben bei dem Ausmalen bemerken können, daß Braun und Rot, trotz ihres Unterschieds, sehr wohl ineinander übergehen können. Braun entsteht, wenn sich Rot mit seiner Komplementärfarbe Grün vermischt. Es ist eine Mischfarbe, was es auch mit Orange und Purpur verbindet. Orange, Rot und Purpur liegen auf der Ebene der Spektralfarben, während Braun sich aus allen Spektralfarben zusammensetzt: Rot mischt sich mit Grün, das aus den polaren Farben Gelb und Blau besteht, zu Braun. Und so bilden alle

Farben des Spektrums zusammengemischt ein mittleres Braun, was Sie deutlich am Malwasser sehen können, wenn Sie Aquarellbilder gemalt haben. Haben Sie alle Farben gleichmäßig benutzt, ist Ihr Malwasser am Ende mittelbraun gefärbt. Im Braun sind alle anderen Farben anwesend.

Den Nachklang, daß die Erdfarbe Braun als Rot empfunden wurde, hat noch unsere heutige Sprache im Begriff wie »Rotwild« und rot als Bezeichnung von Füchsen und Hunden bewahrt.

Dieses Rotbraun beginnt nach S. Freud die Kinder in der analen Phase zu interessieren. Das erste Produkt, das der Mensch produzieren kann, seinen Kot, gibt er der Erde zurück. Braun geht zu Braun, Erde geht zur Erde zurück. Für kleine Kinder in Windeln ist Braun jedoch eher langweilig. Um gebrochene Farben zu lieben, braucht man ein differenzierteres Bewußtsein, als es die hauptsächlich auf Grundfarben reagierenden kleinen Kinder besitzen. Erst wenn die Kinder auf den Topf zu gehen beginnen, wird Braun als erste gebrochene Farbe interessant für sie.

Mutter Erde als Natur ist allerdings auch dem echten Rot verbunden. Sie zeigt uns mit Rot an, daß der Apfel und die Beeren reif sind. Dies ist kein bräunliches Rot, sondern ein Rot, wie es die Kinder lieben, eines, das anlockt und Genuß verspricht. Insekten geraten bei dieser Farbe in höchste Aufregung – hauptsächlich die männlichen Tiere. Aber dieses aus dem Grün entstandene Rot verwandelt sich schnell wieder in Braun, wenn die rote Frucht zur Erde fällt, wo sie verrottet.

Die Erde bringt jedoch nicht nur Rotes hervor, sie kann auch selbst rot sein. Es gibt die rote Erde nicht nur im Stadion, sondern auch in geologisch alten Wüsten, die heute wieder zu Tage treten, wie im Gran Canyon in Arizona und beim Rotsandstein in Süddeutschland, aus dem so manche Kirche und manch ein prächtiges Haus gebaut wurden.

Wenn die Erde und die rote Glut des Feuers sich treffen, entsteht der gebrannte Ziegelstein, der dem Ziegelrot seinen Namen gibt. »Backstein« wurde dieser rot gebrannte Stein im Norden genannt, der einen eigenen Stil der Gotik prägte. Da wollte das Rot hoch hinaus, ganz vergeistigt zur Ehre Gottes. Das damals noch geerdete Bürgertum, das den Bau dieser Kathedralen mehr oder weniger fromm trug, wurde in den Bildern dieser Zeit meist in einem warmen Rot dargestellt: vor der roten Stadtmauer aus Ziegelstein und in roter Kleidung. Wer rot trug, der fiel auf, und auffallen wollte das bürgerliche Individuum. Der Händler benötigt immer ein bestimmtes Maß an Eigenwerbung.

Ich spreche hier vom warmen Rot der frühen Bürgeridylle, das sich im Norden mit seiner Ziegelsteinfassade darstellt. Im roten Backsteinhaus, dem späten Nachfahren von Platons rotem Kubus, wird das dynamische Rot wieder begrenzt. Es scheint, als liebe Rot diese Spannung von Begrenzung und Dynamik, und so empfinden wohl auch die Kinder ihre Welt: Sie wollen Dynamik und werden begrenzt. Da sieht man rot!

Was ist mit dem Begriff der »Erdung« gemeint? Erdung bedeutet für mich, daß man im alltäglichen Leben seine Bedürfnisse klar ausdrücken kann. Zweifelsohne sind Kinder darin Meister. Rot als Farbe der Erdung erinnert uns daran, wie wichtig es ist, mit beiden Beinen fest auf der Erde zu stehen und die Realität zu sehen. Wollen Sie Rot als Erdfarbe voll erleben, würde ich Ihnen vorschlagen, das Quadrat in Abbildung 4 mit einem Rot auszumalen, das für Sie am besten dessen Erdqualität wiedergibt. Sicherlich werden Sie ein Rot von der linken, der weiblichen Seite des Farbfeldes in Abbildung 3 wählen.

Malen Sie das Quadrat in Abbildung 4 mit einem Rotbraun deckend aus. Wählen Sie solch ein Rotbraun von Ihren Farbstiften aus, das sowohl noch rot erscheint als auch zugleich die Qualität der braunen Erde ausdrückt. Sie können sich diese Farbe auch aus einem reinen Rot und einem Braun ermischen, indem Sie den braunen über den roten Farbton legen. Tragen Sie die Farbe hierbei dünn auf, das heißt, drücken Sie mit Ihrem Farbstift nicht zu sehr auf.

Abb. 4:
Das rote Erdquadrat

Das Rotbraun – und besonders das Braun – ist der Erde verbunden und das Ziegelrot dem Feuer, worauf wir noch ausführlich im Kapitel über das Feuer zu sprechen kommen.

Je mehr ein reines Rot sich mit Braun mischt, um so besser paßt es in das Quadrat hinein und fühlt sich wohl. Konnten Sie das beim Ausmalen erspüren?

Die vom Blut und Boden besessenen Faschisten liebten sehr das braune Hemd. Es gibt den Menschen etwas Landverbundenes, was sich jedoch bis hin zum Nationalismus steigerte. Braun scheint wegen seiner Erdverbundenheit das Starre und Konservative zu lieben. Rot als Farbe der Dynamik steht dem zumindest als politisches Symbol konträr entgegen. Allerdings drückte sich die Dynamik der faschistischen Bewegung in der Parteifahne der Nationalsozialistischen Deutschen Arbeiterpartei aus, indem das schwarze Hakenkreuz im weißen Kreis auf die rote Fahne gesetzt wurde.

Der Mensch hat sich in geradezu kindlicher Weise über die Jahrhunderte vom Rot bannen lassen, denn Rot ist das Körperliche und Kindliche, das den männlichen und weiblichen Geist so zieht. Es ist auch das Mütterliche (die Mutter aller Farben) und das Verlockende. Zum Glück zieht es das Männliche hinan, wie Goethe uns am Ende des *Faust* ausdrücklich mitteilt. Aber dem Roten kann man so leicht verfallen...

Das mächtige Rot möchte weitgehend als eine segnende Farbe angesehen werden, als eine positive Farbe, die Licht und Leben bringt. Und gerade die Kinder möchten sich diesen Segen und diese Lebensfreude, die Rot verspricht, nicht entgehen lassen, sie greifen da beherzt zu.

Nach allen diesen Überlegungen zum kindlichen Rot malen Sie bitte in Abbildung 5 diesmal wieder einen Kreis mit einem Rot aus, das die ungebrochene Kraft und Lebensfreude ausdrückt, mit der wir uns in diesem Kapitel beschäftigten. Es ist ganz alleine Ihre Wahl, von welchem Rot Sie sich betören lassen: ob Weihnachtsmannrot, Ferrarirot, Camparirot, Kardinalspurpur oder tiefes Mohnrot, das Rot der Rose oder jenes des Blutes – wählen Sie aus, was Sie fasziniert.

Abb. 5:
Das Rot der Faszination und Macht

Ich habe in Abbildung 5 wieder den Kreis als geometrische Figur gewählt, weil sich das manahafte Rot – wie in der japanischen Flagge – im Kreis als Seelenfigur[11] am besten verwirklichen kann. Im Reich der Seele herrscht der Kreis als Ursymbol des Weiblichen.

Versuchen Sie nun, die Macht Ihres rot ausgemalten Kreises zu erspüren und sich ihr zu öffnen.

Vielleicht mögen Sie sich nach dieser Ausmalübung bequem hinsetzen, das Buch zur Seite legen und die Augen schließen. Stellen Sie sich so genau wie möglich Rot vor.

Falls Ihnen das nicht gelingt, beginnen Sie bei jedem roten Gegenstand, der Ihnen einfällt – und sei es die rote Grütze. Sehen Sie dann nur noch das Rot, und lassen Sie die Form sich langsam auflösen.

Ich beginne solche Vorstellungsübungen zu Rot immer mit dem roten Mohn. Das ist für mich das Rot, das ich am leichtesten vor meinen geschlossenen Augen produzieren kann. Aber jedes Rot findet seine Person, die es anzieht. Und überlegen Sie sich, ob das von Ihnen gewählte Rot wirklich von Ihnen gewählt worden ist, oder ob dieses Rot Sie wählte? Man wird von dem Machtvollen ergriffen, selbst wenn man in seiner menschlichen Begrenztheit annimmt, man hätte es aus eigenen Willen gewählt. Ein roter Ball findet immer sein Kind, das freudig sagt, es habe ihn gefunden...

Wenn man Rot als Ausgangspunkt seiner Reise wählt, dann trifft man erstaunlicherweise immer wieder auf die Kinder. Das ist eine Charaktereigenschaft von Rot, es ist dem Kind zutiefst verbunden, da dieses Kind in uns sich so leicht beeindrucken und faszinieren läßt. Und wenn Sie sich jetzt immer noch nicht vom Rot beeindruckt fühlen, dann können Sie das Rot noch mächtiger und beeindruckender machen, indem Sie ihm einen schwarzen Rand verschaffen. Ziehen Sie mit Kohle einen dicken schwarzen Kreis auf Aquarellpapier und malen Sie diesen Kreis mit einem für Sie manahaften Rot aus. Den Rest des Blattes malen Sie schwarz. Gegen Schwarz wirkt Rot noch mächtiger als gegen Weiß – oder wie sehen Sie das?

Anmerkungen

1 Dem Volksglauben nach entstand der rote Fliegenpilz aus dem Blut der verletzten Füße der fliehenden Hunnen.
2 Vgl. hierzu genauer: Vollmar, Klausbernd: *Fahrplan durch die Chakren*, (rororo 8513) Reinbek [2]1990 und Vollmar, Klausbernd: *Chakren. Lebenskraft und Lebensfreude aus der eigenen Mitte*, (Gräfe & Unzer) München 1989. In beiden Büchern wird genau das durch Rot gekennzeichnete untere Zentrum der Lebensenergie besprochen.
3 Der Karmapa, der Mann der Buddha-Aktivität, stellt das religiöse Oberhaupt der Karma-Kagyü-Schule des tibetischen Buddhismus dar. Er wirkt seine Reinkarnationen selbst bestimmend zum Wohle aller Lebewesen. Der letzte Karmapa war Rangjung Rigpe Dorje, der 1981 gestorben ist.
4 Vgl. zum Kronenchakra genauer: Vollmar, Kb: *Fahrplan durch die Chakren*, a.a.O. und Vollmar, Kb: *Chakren*, a.a.O.
5 Auch die Buddhisten tragen noch heute ein rotes Band um ihren Hals.
6 Toseffa Sabbat 7, $ 1
7 Man beachte hierbei auch die neuhochdeutsche Bezeichnung »Hyazinthrot« für einen relativ blassen Rotton.
8 Novalis (Friedrich von Hardenberg): *Das Märchen von Hyazinth und Rosenblütchen*. In: *Deutsche Märchen* (ausgewählt von Elisabeth Borchers), (Insel Vlg.) Frankfurt/Main 1979, S. 200 - 203, S. 203
9 Die befragten Bauhausstudenten wußten allerdings sehr wohl, daß ihre Lehrer Rot dem Quadrat, Gelb dem Dreieck und Blau dem Kreis zuordnen. Insofern ist das Ergebnis dieser Umfrage mit Vorsicht zu genießen.
10 Um den Zusammenhang zwischen Mutter und Materie weiß noch die lateinische Sprache, in der »mater« die Mutter und »materia« die Materie heißt.
11 In der philosophischen Geometrie wird der Kreis als unendliche Form ohne Anfang und Ende der Seele zugeordnet, das Dreieck dem Geist und, wie schon ausgeführt, das Quadrat dem Körper.

DIE FEUER DER HÖLLE UND DES HIMMELS

Rot als Farbe des Feuers

Ein rotes Zimmer wird wärmer empfunden, als es seiner realen Temperatur entspricht. Auch rote Strümpfe sind bei der Neigung zu kalten Füßen besonders zu empfehlen. Ich erinnere mich deutlich, als ich vor zwanzig Jahren in Finnland lebte und mir im Winter ein Paar Wollstrümpfe kaufen wollte. Alle Strümpfe in dem kleinen Ort, in dem ich wohnte, waren knallrot. Es gab einfach keine andersfarbigen langen Wollstrümpfe. Die Verkäuferin war völlig darüber verwundert, wie man in der Kälte des Winters nach blauen Strümpfen Ausschau halten konnte. Als Ausländer wurde mir meine Ignoranz gerade noch verziehen.

Wenn Sie an bestimmten Körperstellen – meistens an den Extremitäten – leicht frieren, dann hilft es in jedem Fall, sich vorzustellen, daß dieser Körperteil ganz in eine rote Farbwolke eingehüllt wird oder daß er sich knallrot verfärbt. Führen Sie das einmal als Experiment durch, wenn Sie kalte Hände oder Füße haben. Sie werden sich über die Wirkung dieser Vorstellungsübung wundern. Der Temperaturanstieg eines Körperteils, den man sich ein bis zwei Minuten lang rot vorstellt, beträgt ohne weiteres 1 bis 2 Grad Celsius.

Rot als die Farbe der heißen Glut und Symbolfarbe des Feuers wärmt wirklich mehr als jede andere Farbe – außer Orange. Deswegen wird in kalten Ländern Rot wesentlich häufiger mit positiver Bedeutung belegt als in warmen Ländern. Das fällt einem jeden Skandinavien-Reisenden gleich an den alten landwirtschaftlichen Holzgebäuden auf, die in früheren Zeiten mit Ochsenblut gestrichen wurden und sich noch heute dunkelrot von der sie umgebenden Landschaft absetzen.

Übung

Damit Sie sich leichter in das Rot des Feuers einschwingen können, malen Sie das Dreieck in der Abbildung unten mit einem Rot aus, das Sie am deutlichsten an die Farbe des Feuers erinnert. Wahrscheinlich müssen Sie sich diese Farbe aus Rot und Gelb ermischen. Sie können auf dem Papier dieses Buches mit den Farbstiften ohne Schwierigkeiten Farben mischen, indem Sie zum Beispiel erst Rot flächendeckend dünn mit dem Farbstift auftragen und dann eine dünne Schicht Gelb darüber legen. Probieren Sie das aus und schauen Sie, ob es Ihrer Farbvorstellung vom Feuerrot entspricht.

Abb. 6: **Feuerrot**

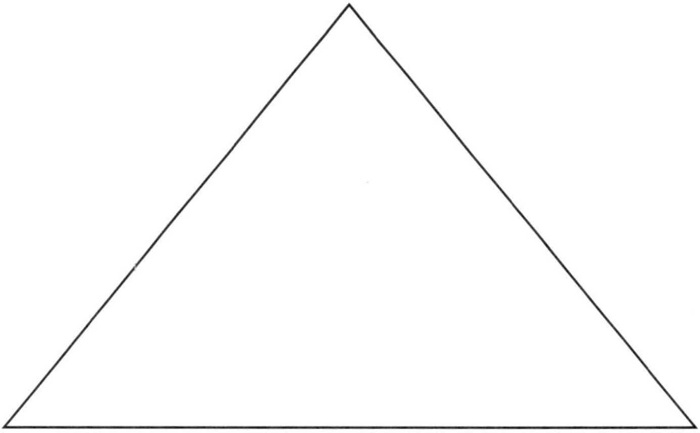

Meditieren Sie nun auf Ihr feuerrotes Dreieck, und lassen Sie alle Gefühle, Bilder und Vorstellungen dazu hochsteigen.

Das Feuer oben

Die Feuer des Himmels

Der wärmespendende Effekt der Farbe Rot läßt in fast allen Mythologien die Sonnen- und Feuergötter rot auftreten. Wie die Glut des Feuers und die der Sonne, so bringt auch die Farbe Rot die ersehnte lebenserquickende Wärme.

Aus dem Buddhismus kennen wir zum Beispiel die rote Frau (Ashtabhuja-Kurukulla), die, auf dem roten Lotus sitzend, auf die Sonne meditiert. Der Islam beschreibt, wie fast alle Mythologien, die den Sonnenwagen kennen, den Wagenlenker der Sonne (Aruna) als feuerroten Gott. Der semitische Gott Baal (Beel) und der römische Apoll sind ebenfalls beide rote Sonnengötter, denen man, wie fast allen Sonnengöttern der unterschiedlichsten Völker, rote Opfergaben darbrachte. Der durch Nietzsche unsterblich gewordene Zarathustra (Zoroaster) hat, der Mythologie entsprechend in rote Flammen gehüllt, seine Lehre vom ewigen Kampf zwischen Licht und Finsternis dem persischen König erfolgreich verkündet. Ihm zu Ehren wurden später rote Feuertempel errichtet, in denen die Sonne und das Feuer verehrt wurden.

Auf dem ganzen indischen Subkontinent wird seit dem Rig-Veda das Feuer und die Sonne mit Rot symbolisiert: Da tanzt Shiva, der Zerstörer und Erbauer, im roten Flammenkreis. Er gilt auch als der indische Gott der Alchemie, wobei hier auf dem Transformationsprozeß des Feuers die Betonung liegt.[1] Was für die europäischen Alchemisten der Vogel Phönix war, der sich selbst verbrennt, um sich zu erneuern, das war der Gott Shiva für die indischen Adepten der Umwandlungskünste. Shiva mit der roten Aureole wie der aus der Glut aufsteigende Phönix symbolisieren beide die Wiedergeburt und den Triumph des Lebens über den Tod. Hier fällt eine deutliche Parallele zum Buddhismus auf: In der Phowa-Praxis, in der das richtige Sterben gelernt wird (indem man sein Bewußtsein durch das Kronenchakra austreten läßt), wird auf den rubinroten Buddha Öpame (Amitabha) meditiert.

Für die europäischen Alchemisten galt zudem noch der glutrote Feuervogel Phönix als Symbol des Steins der Weisen und des roten Lebenselixiers. Der adlerähnliche Mythenvogel der klassischen Überlieferung wurde seit Anbeginn mit der Sonne und ihrer roten Glut in Verbindung gebracht. In China galt er als Himmelsbote, und arabischen Legenden zufolge wird er auf seinem Nest von der roten Sonnenglut verbrannt, um ihn wieder verjüngt und erneuert aus der Asche auffliegen zu lassen.

Auch Vishnu, der Erhalter, ist dem Rot eng verbunden, wenn er auf seinem Wundervogel Garuda reitet. Dieser strahlt rot wie die Sonne, so daß die Götter ihn zuerst für den uralten, rot leuchtenden Feuergott Agni halten. Das Besondere an Garuda ist seine Schnelligkeit: Schnell wie das Licht fliegt er. Und so finden wir hier die enge Verbindung zwischen Rot, Feuer und Licht, die in vielen Mythologien in unterschiedlichen Spielweisen angeführt wird. Diese Verbindung liegt deswegen nahe, da die Sonne als großes Himmelsfeuer rot symbolisiert wird und diese rote Sonne zugleich das Licht spendet. Als weiterer Schritt ist dann häufig das Sehen mit der Farbe Rot verbunden worden, denn ohne Feuer entsteht kein Licht und ohne Licht gibt es kein Sehen.

Der Wundervogel Garuda als König der Vögel mit seinen leuchtendroten Flügeln ist ein ähnliches Wesen wie der Simurgh, auf dem die orientalischen Könige und Helden durch die Lüfte reiten, um ihre großen Aufgaben zu erledigen und den Überblick zu bewahren. Dieser hundertköpfige Pfauendrache besitzt das Wissen aller Zeiten, da er bereits dreimal den Untergang der Welt erlebt hat (Lemuria, Atlantis, Sintflut). Den altpersischen Alchemisten galt er als

Symbol der Vereinigung von Erde, Wasser und Luft. Im Gegensatz zum Garuda und Phönix ist der Simurgh allen Elementen bis auf das Feuer verbunden, was die persische Ikonographie allerdings nicht hinderte, den Simurgh leuchtendrot darzustellen. Als Drache ist er doch auf eine versteckte Weise dem Feuer verbunden, und so kann auch der Simurgh erröten. Im Märchen werden diese Wundervögel zunächst zum fliegenden Teppich und dann zum fliegenden Koffer verniedlicht, der am Schluß bei einem großartigen Feuerwerk verbrennt.

Die großen Wundertiere wie der Garuda, der Phönix und der Drache, dem wir später noch in diesem Kapitel begegnen werden, sind alle feuerrot, denn sie sind höchst lebendige, dem Feuer verwandte Geistwesen. Im Grunde sind sie Abkömmlinge der Elementargeister des Feuers, die in unserem Bereich rote Salamander genannt werden, ohne jedoch etwas mit den molchähnlichen Amphibien zu tun zu haben. Der Elementargeist des Feuers lebt der mittelalterlichen Alchemie zufolge inmitten der Flamme, da er sich vom Feuer ernährt. Er kriecht keineswegs wie der gelb-schwarze Feuersalamander auf der Erde herum! In die Familie der Elementargeister gehört auch der Feuerriese Surt der germanischen Mythologie, der am Tage der Götterdämmerung[2] mit seinem roten Flammenschwert den Weltenbrand auslöscht. Er kämpft gemeinsam mit dem zwiespältigen roten Loki, der als Feuergeist die Intelligenz des Bösen verkörpert. Im Gegensatz zu den Vögeln Phönix und Garuda symbolisiert Surt zusammen mit dem Drachen die zerstörerische Seite des Feuers, die sehr anschaulich im Mythos von der Büchse der Pandora zur Darstellung kommt.

Wie das Feuer in die Welt der Menschen kam

Der griechische Held und Menschenbildner Prometheus hatte in kühner Tat den Göttern das Feuer gestohlen, um es den Menschen zu schenken. Das ärgert den Göttervater Zeus derart, daß er auf Rache sinnt. Er schickt ein vom roten Schmiedegott Hephaistos (dem Urvater der Alchemisten) und der klugen Athene erschaffenes schamhaftes und doch nur um so verführerischeres Mädchen auf die Erde. Vor deren Aufnahme in die Gemeinschaft der Menschen warnt der weise Prometheus eindringlich. Jedoch vergebens, den Reizen eines solchen Mädchens kann der schwache Mann nur erliegen! Sie wird aufgenommen, ihre Büchse wird geöffnet und da verliert sie jegliche Scham. Aus der Büchse der Pandora entsteht alles Übel für den Menschen: Krankheit, Wahnsinn, Laster, Leidenschaft und Tod – eben alles, was das rote Feuer in seiner negativen Eigenschaft symbolisiert.

So kam das Feuer von der Oberwelt in die Welt der Menschen. Hätten wir doch besser auf Prometheus gehört, dann wären uns die Feuer der Unterwelt erspart geblieben! Aber das rote Feuer besitzt beide Seiten: die Glut der Liebe, die erhöht und vergeistigt, und die Flamme der Leidenschaft, die alle Gestalt auflöst und zerstört. So wirkt auch die Sonne: lebensspendend wie wärmend und zugleich stechend, verbrennend und unbarmherzig austrocknend. Alles, was die Sonne berührt, wird rot: Zu lange Sonnenbestrahlung läßt die menschliche Haut erglühen und rot werden, als ob man einen Krebs in kochendes Wasser wirft. Man spricht beim Sonnenbrand deswegen auch von krebsroter Haut.

Das Feuer des Himmels verbrennt und färbt dabei wie ein Maler alles rot. Der dem unbarmherzigen Feuer der Sonne ausgesetzte Wüstenboden wird rot, wie im Gran Canyon in Colorado im Süden der USA und wie der alte Buntsandstein, der in Süddeutschland zutage tritt – ein Effekt, auf den der italienische Regisseur Michelangelo Antonioni in seinem Film »Desserto Rosso« (Rote Wüste) anspielte. Aber die Feuer der Sonne lassen auch das Obst und die

Beeren rot und genießbar werden. Ohne Sonne gibt es kein Leben!

Das warme, feurige Rot

Für unseren Kulturbereich sei hier noch Plinius angeführt, der in seiner Naturgeschichte gleich zu Beginn feststellt, daß die Sonne von einem roten Kreis umgeben sei.[3] Ein ganz ähnliches Bild finden wir bei den Hopis: Hier gilt der stinkende Skunk als Symbol der Sonne und des Feuers, da sein Gestank sich genauso ausbreitet wie das Licht der Sonne. Dieser Sonnenskunk wird oft von zwei Kreisen umgeben dargestellt, die die heiligen Feuer der Sonne symbolisieren. Der dunkelrote Kreis um die Sonne schließt einen orangeroten Kreis ein, der ihre lebensspendende Kraft verdeutlicht.

Auch heute benutzen wir die Farbe Rot, um die Wärme und das Feuer zu symbolisieren: Durch die rote Leitung fließt das heiße Wasser dem roten Wasserhahn zu, und auch die Feuerwehr und die Feuerlöscher werden immer rot angestrichen. Rot ist die internationale Warnfarbe für Hitze und Feuer.

Bei den alten Ägyptern wurde schon aufgrund des analogen Denkens Rot als Schutzfarbe vor dem Feuer ausgiebigst benutzt. Sie bestrichen alljährlich Bäume, Tiere und Häuser mit roter Farbe, um ihre Habe vor dem Feuer zu bewahren. Es ist sicherlich von christlicher Ignoranz geprägt, wenn behauptet wird, daß sie damit Gottes auserwähltes Volk nachahmen wollten, das sich durch das Bestreichen der Türpfosten mit dem Blut des Passah-Lamms vor dem Würgeengel geschützt habe. Der Gebrauch von Rot als Schutzfarbe ist viel älter als diese Geschichte des Alten Testaments.

Immerhin hat das Rot als Schutzfarbe vor dem Feuer bis heute in unserem Volksglauben und Aberglauben überlebt.

Im Jahre 812 empfehlen die Kapitulare Karls des Großen, mit rosablühendem Hauswurz das Haus vor Brand und Blitz zu schützen. Noch heute nimmt man im deutschen Aberglauben an, daß bei demjenigen der Blitz einschlägt und das Dach über dem Kopf abbrennt, der dem Rotkehlchen etwas zuleide tut. Die seltenen Feuerschwalben und Rotschwänzchen dagegen schützen das Haus vor Feuer und Blitzschlag.

Die Sonne als das große Feuer des Himmels kommt aus dem Osten, von wo sie aufgeht. Der Osten ist rot bei so unterschiedlichen Völkern wie den Indianern (Azteken, Maya und Hopi), den Iren und für die Sibirer, bei denen der rote wohltätige Feuervater aus dem östlichen Himmel das Nordlicht aussendet. Für die Tibeter dagegen steht Rot für die Richtung der untergehenden Sonne, den Westen. In dieser Vorstellung treffen sie sich mit den Engländern, in deren Folklore überliefert ist, daß der Westen rot ist, weil die Sonne dort bei ihrem Untergang hinab in die Hölle schaut.

Die enge Verbindung zwischen der Sonne und der Farbe Rot werde ich noch in dem Abschnitt über das Morgen- und Abendrot genau darstellen. Dort wird der Lichtaspekt der Sonne im Vordergrund stehen, hier ist es ihr ebenfalls lebensspendender Wärmeaspekt.

Übung

All das, was die Mythen als Bilder in den Götterhimmel projizieren, können Sie sich auch ganz einfach durch eine kleine Übung verdeutlichen. Machen Sie sich die positive und negative Kraft des großen Himmelsfeuers klar, indem Sie mit festgeschlossenen Augen in Richtung auf die Sonne meditieren. Nach einer Weile werden Sie rote Farbeindrücke vor Ihren geschlossenen Augen wahrnehmen. Sie können mit diesen Farbfeldern spielen: sie zu einer großen Fläche zusammenfügen oder sie zu einem leuchtendroten

Farbpunkt verdichten, den Sie bewegungslos vor Ihren geschlossenen Augen zu halten suchen.

Jetzt spüren Sie in sich hinein, was die Feuer des Himmels bei Ihnen bewirken.

Die roten Lichter des Himmels

Zum Schluß dieses Abschnitts über das Himmelsfeuer sei kurz angemerkt, daß die Sonne nicht nur das einzige rote Feuer des Himmels darstellt. Vom Blitz war schon die Rede wie vom Nordlicht, und auch der Mond als Reflektor des Sonnenfeuers gehört in diese Reihe. Was uns noch fehlt, ist der Stern, den wir als den roten Planeten Mars betrachten. Seine mit eisenoxydhaltigem Sand bedeckte Oberfläche läßt ihn rot erscheinen. Weitaus spannender sind jedoch die Roten Riesen: So werden drei gigantische Himmelskörper genannt. Zu ihnen gehört »Beteigeuze« im Sternbild des Orion, »Aldebaran« im Sternbild Stier und »Antares«. »Beteigeuze« besitzt zum Beispiel einen dreihundertmal größeren Durchmesser als unsere Sonne. Das Besondere neben ihren Ausmaßen ist ihre enorme Lichtkraft, die zehntausendmal stärker als die Sonne rot leuchtet.

Zurück zu den uns bekannten Sternen. Jeder Stern am Himmelszelt reflektiert ein himmlisches Feuer. Darum weiß noch der Tarot. So entspricht nach Auskunft des Tarot-Spezialisten Hajo Banzhaf die Tarot-Karte XVII »Der Stern« dem alchemistischen Vorgang der Rötung *(Rubedo)*. Die alchemistische Rötung hängt immer mit der Umwandlung durch Verschmelzung *(coagula)* zusammen. In dieser Karte wird auf Astarte, »der Stern des Ostens« oder der Abendstern, angespielt, die als Muttergöttin das Leben spendet wie das Licht der Sonne.

Das Feuer unten

Das Feuer der Unterwelt

Der Hauptwirkungsbereich der Farbe Rot als Symbol des Feuers liegt jedoch in der Unterwelt. Das ist das rote Reich des Teufels, in dem ständig ein Feuer brennt. Besonders die altiranischen Jenseitsschilderungen frappieren durch eine Omnipräsenz des roten Feuers. Nach Zoroaster (Zarathustra) ist das Jenseits ein Ort des roten Feuers. Diese Glaubensvorstellung kann als Vorläufer des christlichen Fegefeuers angesehen werden, auf das ich am Ende dieses Kapitels noch zu sprechen kommen werde.

Spätestens seit dem christlichen Mittelalter wurden der Teufel und die Hölle feuerrot gemalt, nachdem noch bis ins 9. Jahrhundert hinein der Teufel als Personifizierung des Hades galt. Der im Westen gelegene Hades als finsteres Schattenreich (der Unterwelt des klassischen Griechenlands) war grau und unbunt. Man könnte ihn auch als neblig charakterisieren. Die Farbe Rot bildet geradezu einen krassen Gegensatz zu dieser farblos finsteren Unterwelt am Oceanos (dem großen Meer).

Im Mittelalter wird jedoch die Hölle schnell zu dem mit einem Feuerwall umgebenen Ort, an dem die Seelen der armen Sünder mit Feuer gequält werden. Man bezieht sich wieder und wieder auf die Hölle als die verzehrende Flamme – wie sie im ganzen Mittelalter oft genannt wird. Das führt in der Malerei zu der Darstellung der Hölle als einem roten Feuerstrom oder einem unterirdischen Feuersee. In der Buchmalerei werden mit großer Liebe nackte Sünder, in einem Flammenmeer von roten Dämonen und Teufelchen gepeinigt, abgebildet – oder sie schmoren schon in einem Topf über einem wild brennenden Feuer. Von nun ab ist die Farbe Rot nicht mehr aus der teuflischen Unterwelt wegzudenken. Nicht nur der Ort der Hölle wird feuerrot, sondern auch der Teufel wird zu einem roten Ungeheuer, aus dessen Rachen rote Funken sprühen und aus dessen Nase Rauch wie bei einem Drachen hervorquillt.

Besonders deutlich kann man in Dantes »Die Göttliche Komödie« die Hölle als den roten Ort geschildert finden: Nach Dante liegt in der tieferen Hölle die Stadt Dis (oder Dites), in der selbst ihre Bewohner alle rot erscheinen, da das Höllenfeuer sie innerlich durchglüht (8. Gesang, Hölle). Noch etwas tiefer im Reich der Hölle stieß Dante auf den roten Bach, in dem sich die Sünderinnen baden (14. Gesang, Hölle). Im Barock wird dann der Teufel zu einem eher lustig anzuschauenden Satyr, die geile Ziege im roten Mantel.

Der rote Teufel

Nach christlicher Auffassung sind der Teufel (Satan, Beelzebub, Diabolos oder Ahriman) und die Hölle als Bild des Bösen immer durch die Farbe Rot gekennzeichnet, denn rot sind die Leidenschaften und Begierden, die den Menschen in den Höllenschlund treiben. Rot ist die Gier, die Aggression und die wilde, ungebändigte Sexualität, kurzum alle Verhaltensweisen, die einen unweigerlich in den Feuern der Hölle schmoren lassen.

Als Adam und Eva der Verführung der Schlange im Paradies erlagen, tritt in der Wenzel-Bibel (der ältesten deutschen illuminierten Prachthandschrift der Bibel) der feuerrote Engel mit seinem ebenso roten Schwert auf, um die beiden Sünder aus dem Garten Eden zu vertreiben. Diese Darstellung ist auch so zu verstehen, daß Adam und Eva in der Gestalt des roten Engels auf ihre Leidenschaften stoßen. Diese Leidenschaften sind der erste Schritt auf die Hölle zu. Erstaunlicherweise schaut der feuerrote Engel ganz und gar nicht böse. Er berührt sogar den abgewendeten

Adam mit seiner roten Hand geradezu freundlich an der Schulter. Aber der Engel muß dem göttlichen Gesetz folgen und die beiden Sünder bestrafen. Die feuerrote Farbe weist ihn unmißverständlich als strafende Kraft aus. Dieses Feuerrot erinnert die ersten Menschen und mehr noch die Betrachter dieser Bibel daran, daß sie unweigerlich in der Hölle landen, wenn sie weiterhin Gottes Gebot mißachten.

Die Christen haben die rote Symbolfarbe für die Unterwelt von den Ägyptern übernommen, die den roten Typhon kannten, den Herren der Unterwelt, der von einem roten Esel symbolisiert wurde. Die Ägypter stellten sich ferner vor, daß das rote Meer den sich öffnenden Rachen der Unterwelt darstellt und so bei dem Auszug Israels durch das Rote Meer das Heer des Pharao von der Unterwelt verschlungen worden ist. Das ist jedoch sicherlich wieder die christliche Version der Geschichte, die auch davon ausging, daß ganz Ägypten so etwas wie die Vorhölle – nämlich das Land des roten Drachen – war. Von dort sollte der feuerrote Drachen der Apokalypse mit seinen sieben Köpfen, zehn Hörnern und sieben Kronen gekommen sein.

Die Feuer der Hölle müssen unterirdische Feuer sein, denn sie sind den niederen Trieben oder, wie man es heute ähnlich moralisch ausdrückt, den niederen Chakren zugeordnet. Dort im Bauch und noch tiefer, wo die Sexualität wohnt, da brennen die roten Feuer, die den Menschen plagen. Dem entspricht es auch perfekt, daß die beiden unteren Chakren in der Yoga-Literatur mit Rot und Orange symbolisiert werden. Im untersten Chakra geht es um die materiellen Grundlagen des Lebens, wie zum Beispiel das Essen und Trinken, und in jenem darüber wird die Sexualität als lebensspendende und beglückende Lebensenergie angesprochen. Die Kundalini selbst, jene Schlange der Lebensenergie, die im roten Basischakra (Muladhara, am unteren Ende der Wirbelsäule) wohnt, wird häufig als rote Feuerschlange abgebildet. Sie ist eine Schlange, welche die inneren Feuer des Lebens nährt. Diese Schlange Kundalini als Bild der Lebenskraft gleicht der Lebensflamme in unserer Kultur. Wegen der Ähnlichkeit des Feuers mit einem lebendigen Wesen besaßen unsere Vorfahren eine Scheu, das Feuer ausgehen zu lassen. An diese Tradition erinnert noch das rote, ewige Feuer der katholischen Kirche, dessen Vorgänger die ewigen Feuer der Kelten und Slawen waren. Wenn das Feuer erstirbt, dann erstirbt auch die Lebensenergie.

Die Lebensenergie, wie sie in Indien als Kundalini dargestellt wird, ist der roten Schlange als Bild des Teufels verwandt. Beide, Kundalini und rote Schlange, treffen sich in der Triebkraft, die das Feuer des Lebens darstellt und die im unteren Bereich des Körpers angesiedelt wird. Die Logik der roten Hölle als Wohnort des roten Teufels ist klar: Wer in roter, feuriger Leidenschaft entbrennt, der schafft sich selbst sein Leiden, das ihn mit verzehrender Flamme verbrennen läßt. Das sind die Gefahren der »niederen Triebe«. Daß der Teufel, meistens als Satan bezeichnet, als einer der Söhne Gottes rot ist, verweist darauf, daß er ursprünglich aus der Liebe abstammte. Auf der anderen Seite ist der rote Herrscher der Unterwelt nicht nur der Böse, sondern auch der von Gott eingesetzte Richter über den Menschen. Als höchster Richter trägt der Teufel, wie die Bundesverfassungsrichter noch heute, rot, was ihn als Verführer bestens kleidet.

In der Form des feuerroten Beelzebubs[4], was von *Baalzebul* (dem Stadtgott von Ekron und dem Orakelgott der Philister) abstammt, ist der Teufel der große Herr über die Krankheiten: Er sendet sie keineswegs nur, sondern er heilt sie auch. Diese Ansicht war derart verbreitet, daß man im Volk annahm, Jesus von Nazareth besitze bei seinen Heilungen den Beistand von Beelzebub.[5] Solch einen Heiler wie Beelzebub kleidet die rote Farbe bestens, wie wir noch deutlich an dem persischen Arzt Ibn Sina sehen werden.

Jesus lehnte es allerdings brüsk ab, mit dem roten Beelzebub in Verbindung gebracht zu werden; er machte klar, daß Gott, der Vater im Himmel, ihm bei seinen Heilungen beistehe. Immerhin stand Beelzebub als niedere Kraft der Erde auf der anderen Seite. Er führte das Heer der roten Dämonen an, das die Anhänger von Jesus sehr bedrängte und bedrohte. Hierauf bezog sich bis ins 18. Jahrhundert hinein die spanische Inquisition, die behauptete, die roten Dämonen und Teufel des Beelzebubs (der Analogiemagie entsprechend) mit den roten Feuern des Scheiterhaufens aus den Menschen austreiben zu wollen, so daß die gereinigte Seele gerettet werden und in den Himmel eingehen könne.

Der rote Drache

Gleichzeitig wird der Teufel, Beelzebub oder Satan nicht nur als rote Schlange, sondern auch als feuriger Drache dargestellt: als jener Drache, der vom heiligen Michael, oder in den angelsächsischen Ländern vom englischen Nationalheiligen St. George, erschlagen wird.[6] Der rote Drache lebt natürlich, wie wir aus den Sagen und Märchen wissen, unter der Erde in der Höhle (Hölle), wo er einen Schatz bewacht. Ursprünglich symbolisierte der rote Feuerdrache die Lebenskraft der Verstorbenen, die unter der Erde ruhen. Noch heute wird in England der Tag des St. George, der 23. April, unter anderem mit roten Rosen gefeiert. Als Symbol des Schutzpatrons der Engländer gilt das rote Kreuz, das für die Kreuzzüge reichlich propagandistisch ausgenutzt wurde. Als berühmter früher Märtyrer unter Kaiser Diokletian war St. George bei den christlichen Soldaten sehr beliebt und wurde schnell als Märtyrer mit der roten Farbe symbolisiert.

Die christliche Mythologie läßt natürlich den Drachen als Wesen der Unterwelt durch ihre Heiligen und durch Gott höchst persönlich erschlagen. Gott selbst kommt (nach

Jesaja 63,2) in hochroten Kleidern von Endom, was Rotort bedeutet, das heißt, vom Nest des Drachens, den er zertrat. Daß es sich hierbei um die Dämonisierung alter wilder Gottheiten der Lebenskraft handelt, die dem ernsten Christentum eine fröhliche Konkurrenz boten, ist nur schwerlich zu übersehen. Ich erinnere nur an all die vielen roten Attribute von Wotan: sein Mantel, seine Augen und seine Haare. Auch Dionysos und Pan besitzen ihre roten Attribute als Götter der Lebensfreude, die einer auf dem Leiden aufbauenden, die menschliche Sexualität verdammenden Religion wie dem Christentum ein Dorn im Auge waren. Hier sind speziell die niederen Triebe zu nennen, die Drachen der Unterwelt. Sie ähneln dem Priapos, dem roten schlangenartigen Gott (ein Sohn des Dionysos), der die Lust und Fruchtbarkeit des männlichen Gliedes verkörpert.

Das rote Fegefeuer

Neben dem Himmel und der Hölle gibt es seit dem Mittelalter noch einen dritten Ort – nämlich das Fegefeuer *(purgatorio)* –, der eng mit der Farbe Rot verbunden ist. Wenn auch die Reformierten und die Häretiker die Existenz dieses roten Feuerortes bestritten, so hat nicht zuletzt durch Dantes »Göttliche Komödie« das Fegefeuer seinen festen Platz im katholischen Glauben gefunden. Wie Rot die Farbe darstellt, die in andere unsichtbare Farbräume führt (den Infrarot-Bereich), so ist auch dieser rote Ort des Fegefeuers zwischen Diesseits und Jenseits wie auch zwischen Paradies und Hölle angesiedelt. In diesem Fegefeuer werden die (kleineren) Sünder hauptsächlich mit Feuer-Qualen bestraft. Es stellt nach dem Religionsgeschichtler G. von der Leeuw einen Nachhall alter Initiationsriten dar. Die im roten Feuer vollzogene Reinigung schafft die Vorbedingung für einen neuen Lebensabschnitt. Hier schwingt die Vorstellung vom erneuernden Feuer der Griechen und Römer mit, die im göttlichen rotleuchtenden Feuer ihren Ursprung besitzt. Diesen roten Ort des reinigenden Feuers sah man seit dem 12. Jahrhundert geographisch real im Roten Meer, in Irland oder auf Sizilien (dem Vulkan Ätna) gelegen. Der heilige Patrick von Irland meinte zum Beispiel die störrischen Iren dadurch bekehren zu können, indem er vorgab, in einer Vision den wahren roten Ort des Fegefeuers in Irland gezeigt bekommen zu haben. Er baute an diesem Ort eine Kirche (im heutigen Lough Derf, Grafschaft Donegal), zu der viele Menschen pilgerten, um sich von allen Sünden rein zu waschen.

Im Fegefeuer wie in der Hölle ist das rote Feuer allgegenwärtig. Beides sind brennende rote Räume, in denen viel Blut fließt. Wer dem Fegefeuer geläutert entkommen will, der ruft seit dem 13. Jahrhundert die heilige Luitgarde an, die meistens mit zumindest einem roten Attribut dargestellte Heilige des Fegefeuers, die sich, ohne je offiziell heiliggesprochen zu sein, auf die Befreiung der Seelen aus dem Fegefeuer spezialisiert hat.

Das christliche Rot

Das positive Rot kommt im Christentum nur als Farbe des Blutes bei den Märtyrern, dem Abendmahlswein und als Feuerzungen zu Pfingsten vor. Der Kardinalspurpur soll nach christlicher Auffassung darauf verweisen, daß man als Kardinal bereit ist, das Martyrium auf sich zu nehmen. Allerdings wurde der Purpur von den meisten Kirchenfürsten weniger als Farbe des Selbstopfers, sondern eher als Farbe der Macht angesehen, mit der sie sich den weltlichen Herrscher als ebenbürtig vorstellen konnten.

Das Christentum steht dem Rot als Farbe der konkurrierenden Götter und der großen Hure Babylon, »der Mutter der Buhlerinnen und der Greuel der Welt«[7], grundlegend negativ gegenüber. Rot ist dem Christentum zu sexuell, schon der Prophet Jesaja[8] sagt es ganz offen gleich zu Beginn seines Textes, daß Rot nichts anderes als die Farbe der Sünde sei. Die Sünde wird wie der Teufel aus der Oberwelt in die Unterwelt verdrängt, dort, wo Bauch und Geschlecht herrschen; da finden wir das rote unreine Monatsblut ebenso wie jenes der Entjungferung. Deswegen braucht man auch zwei verschiedene Handtücher: Das eine für die unteren, unreinen wie unaussprechbaren Körperstellen und das andere für den reinen Körper oberhalb des Bauchs.

Das christliche Rot möchte ein erhöhtes Rot des Himmels sein, aus dem die berühmten Feuerzungen zu Pfingsten auf die Apostel regnen.[9] Dies ist das geistige Rot, das den heiligen Geist, der die griechische Göttin Sophia ablöste, verdeutlicht. Nach Thomas von Aquin ist dies das Rot der Nächstenliebe. Die katholische Kirche erinnert noch heute an die roten Feuerzungen, mit denen der Heilige Geist vom Himmel herab kam, indem sie Pfingsten mit karmesinroten Paramenten[10] feiert. Nach frühchristlicher Auffassung war der Himmel von rotgesichtigen Engel bevölkert. Die rotgesichtigen Wesen, mit denen man später die Hölle (als Gegenort des Himmels) bevölkerte, lebten noch oben bei Gott, was man an den Mosaiken von Santa Maria Maggiore in Rom bewundern kann. Das feurige Rot dieser Engel sollte ihre rein geistige Natur darstellen, genauso wie das traditionell rote Gewand der Jungfrau Maria in der Ostkirche. Es ist fast schon als eine Ironie der Farbsymbolik zu sehen, daß Rot spätestens seit der griechischen Klassik als Symbol des Körpers und der körperlichen Liebe angesehen wird. Aber dieses Rot gehört natürlich nach unten, in die (Trieb)Hölle und nicht zu der letztendlich offiziell in den Himmel aufgenommenen Maria.

Das Unten scheint archetypisch der Farbe Rot verbunden zu sein. Ob wir uns die baskische[11], die indonesische[12], die indische[13] oder unsere eigene Mythologie anschauen, immer trägt der Herr der Unterwelt rot, und die Unterwelt selbst ist auch von feuerroter Farbe.

Aber auch der Himmel ist von der in fast allen Mythologien rot symbolisierten Sonne beherrscht. Sind die unteren Feuer die triebhaften Feuer der Leidenschaften, so stellen die oberen Feuer die der Vergeistigung und des Bewußtseins dar. Sowohl der rote tantrische Weg der Verfeinerung und Transformierung der Triebe als auch der geistige Pfad der christlichen Kontemplation führt zur Befreiung und Erlösung von allem Leiden. Der Teufel und der heilige Geist[14] treten beide als typische Vertreter der Unter- und Oberwelt auf den Plan: der eine sinnlich, verführerisch, der andere vergeistigt und heilig. Beide sind dem Feuer verwandt, sei es als Höllenfeuer oder als Feuer der mitmenschlichen Liebe, welche die Kirche allerdings zur Not auch mit dem blutigen Schwert oder der Glut der Scheiterhaufen durchsetzt. Verzehrende Flamme oder geistige Glut: beide treffen sich im gleichen Feuerrot.

Irgendwie kann ich mich des Eindrucks nicht erwehren, daß diese vermeintlichen Gegensätze ein Ausdruck des einen, ungeteilten geistigen Liebesfeuers sind: jenes roten Feuers, das in der Mitte unseres Körpers, in unserem Herzen brennt.

Anmerkungen

1 Die Schmiede, die mit dem Feuer umgehen, wurden nicht nur als erste freiwillige Feuerwehr eingesetzt, sie gelten auch als die ersten Alchemisten.
2 Ragnarök, die Götterdämmerung. wird ausführlich in der *Völuspa*, einem Abschnitt der *Edda* geschildert.
3 Plinius: *Naturgeschichte,* 2,29. Plinius wird von den Alchemisten gerne zitiert, da er eine Fundgrube des Volksaberglaubens darstellt.
4 Nach der *Vulgata*, der offiziellen lateinischen Bibelübersetzung des heiligen Hieronymus aus dem 4. Jahrhundert
5 Vgl. dazu genauer: Beltz, Walter: *Gott und die Götter*, (Aufbau Vlg.) Berlin, Weimar 1975. Hier zitiert nach der Penguin Ausgabe 1983, S. 215.
6 Die Tötung des Drachens durch den St. George ist eine mittelalterliche Zutat zu der ursprünglichen St.-George-Legende, die auf vorchristliche Wurzeln zurückgeht.
7 Apokalypse des Johannes 17, 1-6
8 Jesaja 1, 18
9 Zu Pfingsten regnete es rote Feuerzungen auf die Gemeinde Christi, was als Beseelung durch den Heiligen Geist gedeutet wurde.
10 Der rote Jungstier ist zum Beispiel in der baskischen Mythologie der Unterweltsgott, eine Art Teufel.
11 Vgl. Lature Danö in der indonesischen Mythologie, der ein roter Gott mit teuflischen Zügen ist.
12 Bei den Jainas in Indien trägt die Unterweltsgöttin Asura-Kumara immer Rot.
13 Ich möchte hier auf eine interessante Parallele aufmerksam machen, die John Goldolphin Bennett in seinem Buch *Witness. The Story of a Search* (Hodder and Stoughton) London 1962, S. 368 andeutet: Der Hl. Geist des Alten und Neuen Testaments ist letztendlich dem Tao der Chinesen, dem Sattva der Hindus, Zat Ullah, der heiligen Essenz des Islams und der Harmonie der Griechen gleichzusetzen. Bei allen diesen höchsten religiösen Prinzipien geht es um Harmonie und einen Ausgleich der Gegensätze, genauso wie in der Farbenwelt Rot unter anderem den Ausgleich zwischen Licht und Finsternis und warm und kalt darstellt.

DER ROTE FADEN

Rot als Farbe der Magie

Traumreise

Vorbemerkung:
Die nun folgende Traumreise wird uns einen ersten Geschmack der Farbe Rot als magische Farbe vermitteln. Lassen Sie zunächst einmal »einfach« alles los: Entspannen Sie Ihr Gesicht, Ihre Atmung, Ihre Schultern und Ihre Augen. Sie atmen tief und regelmäßig und fühlen eine tiefe, allumfassende Ruhe in sich einkehren. Alles Belastende und Einschränkende löst sich auf...

Sie geben sich völlig dieser Reise hin und folgen Ihren Phantasien in die Anderswelt.

Entweder lesen Sie sich jetzt diese Traumreise entspannt und doch hellwach zugleich durch und legen sich dann hin, um aus Ihrem Gedächtnis diesen Vorstellungen und Bildern noch einmal langsam und genüßlich zu folgen, oder Sie sprechen sich diese Reise auf ein Band, das Sie sich in tiefer Entspannung (möglichst mit Kopfhörer) anhören.

Falls andere Vorstellungen als die von mir vorgegebenen sich einstellen, folgen Sie Ihren Bildern und Gedanken und lassen sich von denen verzaubern.

Der Garten der roten Fäden

Da stehe ich nun endlich ganz oben auf dem Hügel, spüre den Wind und genieße den freien Blick über das Land. Und dort, ganz in der Ferne, ist das nicht eine rote, sonnenbeschienene Ziegelmauer? Ich versuche das genauer auszumachen: Die Mauer scheint einen großen Garten oder Park quadratisch einzufrieden.

Dort möchte ich hin! Irgend etwas zieht mich, und ich

gehe erwartungsvoll den Hügel hinunter. Ich spüre den steinigen Boden unter meinen Füßen und erfreue mich an dem milden Licht des Nachmittags.

Und plötzlich wird mir klar, woran ich gerade denke, was ich fühle, was ich sehe und spüre...

Meine Wahrnehmung bekommt eine ganz spezielle Qualität: eine Klarheit und Geistesgegenwärtigkeit, wie ich sie nie zuvor erlebte.

So gehe ich versonnen die Wiesen und Felder entlang, steige immer tiefer hinunter ins Tal und befinde mich völlig unerwartet am Eingang zu dem unbekannten Garten. Es wird mir erst jetzt klar, daß ich lange an der roten Backsteinmauer entlanggegangen bin, und jetzt endlich stehe ich vor dem Eingang.

Beide Flügel des schmiedeeisernen Tores sind einladend weit geöffnet. Es ist sonnig und warm, und ein angenehmer Geruch weht mir entgegen.

Als ich in den Garten hineinschaue, bemerke ich zu meiner Verwunderung ein Labyrinth von hohen, dicht gewachsenen Buchsbaumhecken. Ein Weg führt von dem Tor in den Garten hinein, und vor den grünen Hecken zu seinen beiden Seiten sind Blumenbeete angelegt. Schön ist das anzuschauen, und so nehme ich mir vor, diesen Garten zu ergründen.

Ich möchte seine Mitte, sein Zentrum finden. Irgend etwas Unbeschreibliches zieht mich unwiderstehlich an...

Als ich mich auf den Weg mache, komme ich sogleich an eine Kreuzung. Welchen Weg soll ich nehmen? Irgendwie gleichen sich alle Wege hier und sind doch unterschiedlich. So stehe ich ratlos mitten auf dem Kreuz der Wege. Bunte Blumen wachsen an dem Rand der Hecken, die mir jede Sicht versperren. Solch eine Schande! immer sehe ich gegen das dichte Grün einer Hecke. Ein Vogel müßte man sein!

Da plötzlich erinnere ich mich des dicken roten Wollknäuels in meiner Jackentasche. Ich laufe schnell zurück zu dem eisernen Gartentor und binde den roten Faden sorgfältig an. So finde ich zumindest wieder zum Ausgang zurück.

Jetzt fühle ich mich frei, mich von einem Weg zum anderen treiben zu lassen. Das Heckenlabyrinth macht mir Spaß, wie es mich hierhin und dorthin führt, mit unverhofften Ecken und Gabelungen mich überrascht. Und lustig wickelt sich der rote Faden leicht ab. Gut, daß mein Knäuel so dick ist! So dringe ich tiefer und tiefer in den Garten ein...

Nach einer geraumen Weile gelange ich an einen weiten runden Platz, in den viele Wege münden. Eine alte Frau sitzt dort auf der Wiese. Sie scheint mich gar nicht zu bemerken. Da sitzt sie in der Sonne und knüpft rote Fäden zusammen. Unwillkürlich muß ich auf meinen roten Faden schauen, aber der ist – zum Glück – noch da und bezeichnet meine Spur deutlich auf dem Weg hinter mir.

Freundlich grüße ich die Frau, worauf sie lächelnd nickt.

»Ich knüpfe die Fäden der menschlichen Beziehungen. Ich knote sie zusammen, verflechte sie und löse Knoten und Schleifen. Jeder Knoten, jede Schleife im roten Faden bindet einen Menschen.«

Sie schaut kaum von ihrer Arbeit auf.

»Ich muß sehr aufpassen, daß all die roten Fäden sich nicht verwirren – und doch geschieht es viel zu häufig. Wenn es schlimm kommt, muß ich gar einen Faden durchschneiden...«

Sie hält eine silberne, kleine Schere hoch, die in der Sonne blitzt.

»Dies ist der Garten der roten Fäden, der Schicksalsfäden. Wenn Du noch ein Stückchen weiter der Sonne entgegengehst, findest Du einen ähnlich runden Platz wie diesen. Dort auf der Wiese zwischen den Beeten wirst Du meine Freundin treffen, die ebenfalls rote Fäden knüpft. Das sind die Fäden der Heilung. Wir beide arbeiten auch mit dem blutgefärbten Zwirn der Verzauberung. Aber mit sowas sollte ich ein Menschenkind wie Dich nicht schrecken.«

Sie schaut mich kurz freundlich an.

»Und jetzt geschwind weiter, ich habe eh schon zu viel Zeit mit Dir verbracht.«

Ich verabschiede mich freundlich und gehe sinnend meinen roten Faden abwickelnd in die bezeichnete Richtung...

Hier, das muß der runde Platz sein, den ich da vor mir sehe. Dort sitzt eine kleine dickliche Frau auf einer blutroten Decke. Auch sie knüpft Fäden und bindet sie um Stöckchen und Zweige, die neben ihr liegen.

»Einen schönen guten Tag« sage ich fröhlich.

»Hm« antwortet sie kurz aufblickend. »Wo kommst Du denn her?«

»Vom Gartentor...«

»Und den ganzen Weg hast Du Deinen roten Wollfaden klug hinter Dir abgerollt. Eine Spur hinterläßt Du, das ist gut! So wirst Du sicherlich Dein Ziel erreichen.«

Und ehe ich etwas erwidern kann, steht sie geschwind auf und schneidet keck von meinem roten Faden ein kleines Stückchen ab. Blitzgeschwind knotet sie die Enden meines Wollfadens wieder zusammen.

»Jeder rote Faden braucht seinen magischen Knoten, und dieses daumenlange Fadenstück paßt gut zu dem leuchtendroten Zwirn hier. Schnell geknüpft und ums Stöckchen gebunden und schon strömt Heilkraft aus: warme, entspannende Kraft, die das Blut reinigt und die Gifte vertreibt. Hab' Dank.«

Da sitzt sie wieder und holt aus ihrem Flechtkorb neue rote Fäden, die sie knotet und bindet.

»Und noch eins: Verliere auf keinen Fall Deinen roten Faden! Wickele ihn sorgsam wieder auf. Und vielen Dank nochmals. Auf Wiedersehen.«

Ich nicke ihr freundlich zu und wickle sinnend sorgfältig

meinen roten Faden auf dem Rückweg wieder auf. Die erste Frau schaut nicht einmal auf, als ich bei ihr vorbeikomme, so ist sie mit ihren roten Fäden beschäftigt.

Schnell bin ich dann am Gartentor und binde meinen roten Faden los. Das rote Knäuel verstaue ich wieder sicher in meiner Jackentasche.

Die Geschichte von Theseus und Ariadne oder Der rote Faden als die weibliche Spur

Der junge Theseus ist ein echter griechischer Held, der auch der attische Herakles genannt wird. Seine Attraktivität wird noch dadurch gesteigert, daß er der Sohn des Königs von Athen ist. Er ist der Gatte mindestens zweier Frauen und zwar der Antiope, der Geliebten des Zeus, und der Phaidra, einer Mondgöttin und Schwester der Ariadne. Während seiner Karriere als Held besteht er die üblichen Abenteuer mit Riesen und Ungeheuern. Er tötet in Korinth den Räuber Sinius, er erschlägt mit Hilfe von Ariadne deren Bruder Minotauros und steigt mutig in die Unterwelt hinab, um Persephone zu entführen.

Die Farbe Rot ist untrennbar mit seinem Abenteuer in Kreta verbunden, bei dem ihm Ariadne, die Tochter des Königs Minos, hilft. Ariadne heißt in der alten Sprache der Kreter »die Strahlende«. Ursprünglich ist diese in Theseus – ihren Schwager – verliebte Ariadne eine Vegetationsgöttin. In ihrer menschlichen Gestalt schenkt sie dem männlichen Helden als Zeichen ihrer Liebe den so oft zitierten roten Faden. Das ist jenes sprichwörtliche rote Wollknäuel, mit dessen Hilfe Theseus tief in das Labyrinth hineingehen, das durch Blutschande gezeugte Ungeheuer Minotauros erschlagen kann und auch wieder zum Ausgang zurückfindet. Allerdings muß ihr Theseus dafür auch nichts weniger als die Ehe versprechen und sie zu seiner dritten Frau machen.

Theseus läßt nach seiner Heldentat Ariadne auf dem Heimweg von Kreta nach Athen auf der einsamen Insel Naxos zurück. In Nietzsches Gedicht »Die Klage der Ariadne« treibt sie dort ihren Schmerz, verlassen zu sein, bis zur Lust. Auf Naxos trifft Ariadne den Gott Dionysos, der die Verzweifelte zu seiner Gattin macht und die er später, nachdem sie ihm einige Kinder gebar, auf den Olymp erhebt.

Als Theseus den Minotauros getötet hat, findet er mit Hilfe des roten Fadens den Ausgang des Labyrinthes wieder und kann so eine weitere Heldentat verbuchen. Allerdings hat er sie nicht alleine vollbracht, denn der rote Faden stammte von Ariadne, die ihn von Dädalos, dem Architekten dieses Labyrinthes, erhalten hatte. Das Rote wurde Theseus von der Frau und früheren Vegetationsgöttin als ein Zeichen der Liebe gegeben. Es ist das weibliche Rot, mit dessen Hilfe der Held das Ungeheuer im Inneren überwindet und wieder zurück in die Außenwelt findet. In das verschlungene Unbewußte steigt der Held hinab, und die rote Spur zeigt ihm den Weg in das klare Bewußtsein zurück. Das ist die Spur der Seele (der Anima nach Carl Gustav Jung), die den Helden in das Innere führt, wo er seinen wichtigsten Kampf zu bestehen hat. Die rote Spur der Frau, das ist auch die Liebe, jene unberechenbare Kraft, die den Helden in das Innere eindringen läßt. – Der sexuelle Anklang ist hier kaum zu überhören. Ariadne umarmt verliebt den erfolgreich aus dem Labyrinth zurückgekehrten Theseus und verkennt in ihrer Leidenschaft, daß das Männliche andere Ziele als der weibliche Eros besitzt.

Das Labyrinth ist das Verwirrende, das Chaos, das Beängstigende und Verschlingende, das nun plötzlich seinen Schrecken durch die Magie des roten Fadens verliert. Es wird zu einem Ort, den der Mensch unbeschadet zu erkunden vermag, denn diese Magie des roten Fadens läßt ihn seine Richtung nicht aus den Augen verlieren: weder läßt sie einen fehlgehen noch umherirren.

Der Faden muß rot sein, da man ihn dann besser sieht. Er soll ja ins Auge fallen, auffällig sein. Aber auch aus anderen Gründen ist der Faden rot. Das Rot soll Theseus an die Liebe, an das weibliche Blut der Entjungferung und der Menstruation erinnern. Das kennen wir schon von dem hochmittelalterlichen Helden Parzival, der angesichts der drei Blutstropfen im Schnee in eine Trance verfällt, die ihn seine Geliebte wehmütig erinnern läßt. Aber Vorsicht, die Episode Theseus-Ariadne findet mindestens zweitausend Jahre früher statt! Allerdings scheint sich die menschliche Psyche, wie schon Jung vermutete, über die Jahrtausende wenig verändert zu haben.

Einzig mit der Magie der Liebe ausgerüstet, kann man das Ungeheuer im eigenen Inneren besiegen, und das ist es, worauf es letztlich im Heldenkampf ankommt. Die Magie der Liebe – symbolisiert durch den roten Faden – bezaubert unseren jungen Helden so, daß er mit den destruktiven Kräften seines Unbewußten, mit dem Jungfrauen verschlingenden Bösen, das da im Chaos des Labyrinthes wohnt, umzugehen vermag. Man sollte ja nie vergessen, daß Theseus wie Odysseus nicht nur klassischer Held, sondern auch Frauen-Held war. Die Richtung aus diesem Chaos heraus weist der rote Faden. Er zeigt an, wie man den dunklen Ort des Inneren wieder verläßt und an das Tageslicht zurückkommt, wo die Geliebte, die strahlende Sonne als Symbol des klaren Bewußtseins, auf einen wartet. Dieser rote Faden gibt wie ein Kompaß die Orientierung, er zeigt, wo es langgeht.

Wenn wir diesen Mythos genau betrachten, weist er den eigenen Weg, den der Mensch verfolgen muß, um vom Dunkel wieder ins Helle zu kommen. Er läßt den Suchenden die eigene Wegstrecke wiederfinden und verhindert das Verlaufen. Wieder ist dies gut auf die Seelenkraft zu beziehen, die die einzelnen Lebensstationen verbindet und einen ins Licht (der Vergeistigung) führt, indem der Mensch den

Zusammenhang seines (Lebens)Weges versteht. So wird noch heute gesagt, daß man den roten Faden nicht verlieren darf. Das verweist darauf, daß der Sprechende in seiner Rede nicht abschweifen und das Ziel aus den Augen verlieren sollte. Es ist der Aufruf, konzentriert bei seinem Thema zu bleiben, was im gewissen Gegensatz zur Assoziation steht, wo der Assoziierende sich von jeder Labyrinthwindung verführen läßt. Auf die Liebe übertragen, meint Ariadne mit dem roten Faden sicherlich die Bindung und die Hoffnung auf Treue.

Rot ist eine Farbe, die alles miteinander verbindet. Im Kapitel über die Liebe werden wir sehen, wie es die Gegensätze kalt und warm, männlich und weiblich, hell und dunkel zusammenführt und eint. Rot bringt die Bewegung der Farben auf einen Punkt: den Kulminationspunkt oben im Farbenkreis. Und so verbindet Rot auch den Lebensweg des Menschen und richtet diesen auf ein Ziel hin aus. Rot ist die Spur des Bluts, jene Magie der weiblichen Seele, die dem Männlichen das Leben schenkt und es freundlich bei der Hand nimmt und führt. Dieser rote Faden erinnert daran, daß die Seele immer neue Verbindungen schafft und irrational – wie der Weg des Labyrinthes – dem Menschen seiner Bestimmung oder seinem vermeintlich selbstgewählten Ziel zuführt. Das kann als magisches Symbol des inneren Lebenszusammenhangs gesehen werden. Der rote Faden ist der zauberische Ausdruck dessen, was die Welt im Inneren zusammenhält.

Diese Magie ist dem lebenserhaltenden Weiblichen verbunden und mit Ariadne an die Fruchtbarkeit und an das natürliche Leben geknüpft. Aber das Männliche darf dieser Magie nicht verfallen, denn dann würde es seine Identität verlieren und der Held würde zum Schwächling werden. Er würde zu jener traurigen Gestalt des »Softies« absinken, die der roten Spur noch da blind folgt, wo er schon längst das Labyrinth verlassen hat. Theseus muß Ariadne sitzenlassen, um weitere Heldentaten bestehen zu können, die jedoch wieder von der Anziehung des Weiblichen geprägt sind.

Ist Ihnen schon aufgefallen, daß Ariadne die weibliche Klugheit verkörpert, wohingegen Theseus die männliche Tat verdeutlicht, die sich nur dann nicht verliert, wenn sie der weiblichen Klugheit folgt? Beide bedürfen einander, um das Ungeheuer, den Schatten des Todes zu besiegen.

Aber nicht nur beim Abstieg in das Labyrinth hat sich der rote Faden als magischer Schutz bewährt. Er findet schon seit dem Altertum seine weitverbreitete Anwendung im Wetterzauber, besonders wenn es um Regen und Hagel geht. Zuviel Regen und Hagelschlag wurde oftmals auf eine Verhexung des Getreides und der Felder zurückgeführt. Dieser Magie wirkte man entgegen, indem man rote Bänder an Stöcke band und diese dann an die Ecken der Felder aufstellte. Der Hagelschlag war so gebannt, und es fiel auch genügend Regen – wenn man nur stark genug an die Wirkung des roten Zauberfadens glaubte.

Überhaupt scheint der rote Faden als allgemeiner magischer Schutz gegen jegliche Art von Verzauberung bei Kindern und Erwachsenen, bei Häusern, Gärten, Vieh und Wegen häufig benutzt worden zu sein. Wie in dem Mythos von Theseus und Ariadne, kann man mit dem roten Faden selbst den größten Gefahren entgegentreten, ohne von seinem Weg abzuweichen.

In Nordeuropa und in England wird davon ausgegangen, daß der rote Faden immer Glück beschert. Wie Theseus erhofft man sich, mit dem roten Faden oder dem Wollknäuel (allerdings meist in der Tasche getragen) auf der Jagd große Tiere zu erlegen.

Die rote Farbe in der Liebesmagie

Wie schon am Mythos von Theseus und Ariadne deutlich wird, ist die Liebesmagie der Farbe Rot engstens verbunden. Der gesamte Liebeszauber des Altertums verwendete auffallend häufig den roten Faden, was schon Theokrit um 300 v. Chr. andeutet, der mit größtem psychologischen Interesse seine Umwelt betrachtete. Sein großer Bewunderer, der römische Dichter Vergil (70–19 v. Chr.), beschreibt an mehreren Stellen seines umfangreichen Werkes die Anwendung des roten Fadens im Bindungszauber.

Auch in Deutschland und den angrenzenden Gebieten spielte bis ins 19. Jahrhundert hinein der rote Faden eine hervorragende Rolle und zwar besonders dann, wenn die Liebe eines abweisenden Menschen erzwungen werden sollte. In früheren Zeiten ließ der oder die Verliebte sich von einer distanzierten oder feindlichen Haltung des Angehimmelten oder seiner Angebeteten weniger schrecken, sondern er griff guten Mutes zu einem knallroten Band, mit dem er seine eigene Locke und die der ersehnten Person zusammenband. So konnte der Verbindung nichts mehr im Wege stehen.

Als ich vor erst drei Jahren bei einer noch heute praktizierenden Hexe im Bergischen Land war, riet diese zur Stärkung schwieriger Verbindungen, mit einem roten Faden die eigene getragene Unterwäsche und die der geliebten Person fest zusammenzubinden. Dann sollte ich eine rote Wachskerze anzünden und mir die geliebte Person und mich selbst unter einer Art roten durchsichtigen (Käse)Glocke vorstellen. Trotz aller Zweifel führte ich – mehr von Neugierde getrieben – dieses kleine Ritual durch, und zu meiner Verwunderung kann ich berichten, daß sich meine Beziehung seitdem in erstaunlichem Maße verbessert hat – indem ich übrigens wie Theseus eine Frau sitzen ließ.

Wer die Liebe einer abweisenden und kalten Frau erwecken möchte, dem rät das Neustettiner Zauberbuch, Eberwurz[1] und Baldrian[2] in rotem Wachs zu vereinigen und diese dann in seiner Tasche mit sich zu tragen, wenn man die begehrte Frau trifft. Die stachelige Distel (Eberwurz) wird beruhigt (durch den Baldrian)...! Die Frau wird nicht nur sogleich in Liebe zu einem entbrennen, sondern wird einem auch nichts abschlagen können – vielleicht benötigt man auch deswegen den Baldrian...

Wenn Sie nun einen Mann verlocken und binden möchten, sollten Sie am Karsamstag hartgekochte Eier knallrot einfärben und diese dann Ihrem Angebeteten zusenden. Ißt er sie, wird er Ihnen unweigerlich verfallen, als habe er von Tristans und Isoldes Liebestrunk gekostet.

Man könnte hier noch viele, teilweise sehr abstruse Beispiele anführen, wie die rote Farbe im Liebeszauber über die Jahrhunderte in den verschiedenen Regionen unserer Erde benutzt worden ist: Das reicht vom Trinken des Menstruationsblutes im roten Becher bis zum Rötelkreuz auf dem Brustbein. Es scheint gerade die Farbe des weiblichen Blutes äußerst magisch besetzt worden zu sein. Sollte ein Zauber besonders durchschlagend und unwiderstehlich wirken, so mußte man das für ihn verwandte rote Tuch oder den roten Faden mit Menstruationsblut oder dem Blut der Entjungferung einfärben; Krapprot oder Kermes tut es dann nicht. Allerdings nahm man im Normalfall einen mit der Färberdistel gefärbten Stoff oder Faden. Auch der konnte schon eine starke Magie ausüben, so daß man sich auf die begehrte Person konzentrierte. Diese sollte sich darauf berühren und erweichen lassen.

Möglicherweise wirken alle diese Beschwörungen nur, weil die rote Farbe erregt und das Blut in Wallung bringt. Zudem erinnert ein geknüpfter Faden fortwährend daran, daß eine Bindung erwünscht wird. Es geht hier keineswegs nur um die Analogie: rotes Blut der Entjungferung und roter Faden.

Dem weiblichen Blut wurde eine besondere Wirkkraft zugesprochen. So nahm man zum Beispiel bis in das 18. Jahrhundert hinein an, daß ein Blutfleck im Bettlaken jedes Mädchen auf der Stelle wild und »liebestoll« werden ließ. Es wurde allgemein davon ausgegangen, daß weiße Bett- und Unterwäsche das Menstruationsblut anziehen würde. Der weibliche Blutfleck in dieser Wäsche bewegte bis in die Neuzeit hinein die männliche Vorstellungskraft.

Die rote Farbe in der schwarzen Magie

Rot gilt als die Farbe der Gier und als eine Farbe, die Erfolg bringt. Zunächst wurde mit roten Tüchern versucht, den Willen der Götter, Dämonen und Geister zu beeinflussen, um anderen zu schaden und sich selbst einen gehörigen Erfolg zu sichern. Geister und Dämonen sind selbst noch im heutigen Volksglauben eng mit der roten Farbe verbunden, wie die vielen Gespenstergeschichten besonders in England zeigen. Dort gehören der kopflose rote Mönch und die rote Geisterfrau zum Standardspuk vieler Schlösser, Kirchen und Friedhöfe. Es ist gemäß dem analogen Denken verständlich, wenn diese Geister mit der roten Farbe angelockt und an den eigenen Willen gebunden werden. Ein Spuk wird in deutschen Landen, wie auch in England und Irland, mit Vorliebe ins »Rote Meer« gebannt, wobei hier mehr an das rote Wasser gedacht wird. Dieses rote Wasser verstärkt jeden Spuk. Der geübte Magier kann ihn wieder von dort abrufen und dahin schicken, wo immer er ihn haben möchte.

Unverzichtbar wird dann die rote Farbe, wenn ein Feind verletzt oder gar getötet werden soll. Auch hier ist es wieder das Blut, das als ganz besondere magische Substanz wirkt. Im Voodoo werden, zum Beispiel wie in Mexiko, Puppen mit einem möglichst mit Blut gefärbten roten Faden umwickelt und dann mit Stecknadeln durchbohrt. Davon erhofft man sich, daß jetzt der Feind, der einem im Weg steht, schwach zu werden beginnt und bald sterben wird. Auch der babylonische Talmud kennt die rote Farbe als Zeichen der Feinde. Wenn der Engel Gottes die Stirn der Frevler mit einem roten Zeichen markiert, dann können die Geister des Verderbens sie strafen und zu sich holen.

Um ganz deutlich zu zeigen, wie universell dieser schädigende Gebrauch der roten Farbe ist, sei noch eine Erzählung aus Island kurz angeführt, in der eine böse Witwe einen jungen Bauernsohn mit Hilfe eines roten Fadens, den sie ihn im Schlaf um den Hals bindet, in einen Kranich verwandelt.

Mit Rot kann man schon erstaunlich viel Unheil heraufbeschwören! Deswegen wurden die Pestfrau und alle totbringenden Geister und Dämonen in Mitteleuropa immer rot dargestellt, und selbst die Zigeuner sollen ausgiebigst rote Tücher benutzt haben, um das Vieh zu verderben, wie es auch schon vor ihnen die Hexen getan haben sollen.

So wie die rote Farbe das Leben fördern und unterstützen kann, so vermag sie es auch zu zerstören. Sie zieht das Blut ab, wie man es sich in der praktischen Magie vorstellte. Oder Rot wurde als Symbol des ausfließenden Blutes aus einer Wunde benutzt. Es liegt auf der Hand, daß diese Schädigung eines Feindes zumeist mit dem eigenen Vorteil verbunden ist: denn das Rot, welches das Blut in Wallung bringt, ist auch die Farbe der Gier. Man will immer mehr, wenn man rot sieht, und im Gegensatz zum roten Faden der Theseus-Ariadne-Geschichte verliert man seinen eigenen Weg dabei völlig aus den Augen und kommt im Labyrinth des Hasses um.

Aber der eigene Vorteil braucht nicht immer gleich mit dem Tötungszauber verbunden zu sein, da gibt es schon auch weniger drastische Mittel, ihn zu erreichen. Wer zum Beispiel das Glück im Kartenspiel herausfordern möchte, der binde sich das Herz einer Fledermaus um seinen rechten Arm, mit dem er ausgibt und ausspielt, und er wird Glück im Spiel – allerdings keins in der Liebe – haben (wie der Volksmund sagt). Die rote Farbe kann einem auch in Form von roten Samen des Farns, den man auf dem Kelchtuch der Kirche sammelt, unermeßlichen Reichtum bringen.

Rot wird also in der praktischen Magie gebraucht, um einen äußerlich und innerlich reich zu machen. Der innerliche Reichtum wird glücklicherweise in Form des Liebeszaubers in der magischen Praxis öfter angestrebt als der gerade hier besprochene äußerliche Reichtum. Als Farbe des Lebens und der warmen Ausstrahlung symbolisiert Rot die Fülle – eben das volle Menschenleben. Die Kehrseite des Ganzen bildet der Tod, dem Rot genausosehr wie der Liebe und der Sexualität verbunden ist – nicht umsonst ist ja der Teufel rot. Und wer zu viel mit Rot zum Schaden anderer herumspielt, der wird den roten Herrn der Hölle sicherlich über kurz oder lang in dessen rotem unterirdischen Heim antreffen.

Beim Aufstöbern aller möglichen Zauberrezepte und Rituale verwunderte mich am meisten, daß man mit Rot als der am deutlichst sichtbaren Farbe den Stein der Unsichtbarkeit gewinnen kann. Das ist eine an der Alchemie ausgerichtete Vorstellung der Tarnkappe, die der Drachentöter Siegfried gewann.

Wollen Sie auch unsichtbar werden?

Dann nehmen Sie jetzt all Ihren Mut zusammen, legen sich an einem Feld auf die Lauer und erwürgen mit Ihren eigenen Händen einen jungen Raben, den Sie zur Not aus seinem Nest holen können. Diesem toten Tier binden Sie dann einen langen roten Faden um den Fuß und warten still darauf, daß einer der alten Raben kommt und dem toten Raben den Stein der Unsichtbarkeit in den Schnabel steckt.

Interessant ist hierbei die Verbindung der beiden zauberkräftigsten Farben Rot und Schwarz. Man muß töten, um selber das Mittel der Unsichtbarkeit zu erlangen. Das ist wohl von daher verständlich, daß das, was tot ist, zumindest in der Vorstellung noch unsichtbar weiterlebt. Der rote Faden, der schon Theseus den Weg zurück aus der Anderswelt im Inneren des Labyrinthes anzeigte, steht dafür, daß man wieder von dem Ausflug in die Unsichtbarkeit zurückfindet. Im Labyrinth war Theseus für die Menschen ebenfalls unsichtbar.

Rot in der Magie des Heilens

Der rote Faden in der Heilmagie des Volkes

Die Farbe Rot spielt aufgrund des analogen Denkens in der Heilmagie eine hervorragende Rolle. Nach dem homöopathischen Prinzip, Gleiches mit Gleichem zu behandeln, bietet sich Rot für die Linderung oder gar Kurierung aller Krankheiten an, die mit Rot verbundene Symptome erzeugen. Dies sind die meisten Krankheiten, denn alle Entzündungen, Fieber und Infektionskrankheiten äußern sich rot; dazu kommen noch blutende Wunden und alle Bluterkrankungen.

Hier spielt – wie nicht anders zu erwarten – wieder der rote Faden eine erstaunliche Rolle in allen möglichen, ganz unterschiedlichen Kulturen. Ein paar kleine Beispiele mögen genügen, um die Heilwirkung des roten Fadens zu demonstrieren:

In so verschiedenen Kulturen wie in Indien, in den Karpaten, im klassischen Griechenland, bei den Juden, in Estland und selbst bei den deutschen Auswanderern in Pennsylvania/USA wird der rote Faden entweder um den Hals oder seltener um das Handgelenk gebunden – teilweise mit Zauberknoten verknüpft -, oder er wird um einen Krankheitsherd eng geschnürt – was jedoch selten möglich ist.

Sehr häufig läßt man diesen roten Faden einige Tage bis zur ersten Linderung der Symptome um den Körper des Kranken geknüpft, um ihn dann einem Baum oder auch einem Tier umzubinden, auf welches die Krankheit übertragen wird.

Nach Bächtold-Stäubli[3] heißt es in einem alten deutschen Beichtspiegel: »Hastu dich icht lassen messen mit einem roten Faden?« Diese Stelle spielt auf einen alten deutschen Brauch an, Kindern, die nicht so recht wachsen und gedeihen wollen, einen roten – meist seidenen – Faden um den Hals zu binden. Dieser Faden wurde in einigen Gegenden nach der Länge des Kindes abgemessen, so daß man mit ihm zugleich die Wirkung dieses Zaubers kontrollieren konnte.

Sehr gut soll die Heilkraft des roten Fadens bei Impotenz und Zeugungsunfähigkeit wirken, wenn man sich den Faden um den Penis bindet. Dies ist das Mittelalter hindurch bis in die Neuzeit reichlich praktiziert worden. Wenn der Faden gar noch mit dem Blut eines entjungferten Mädchens oder dem Menstruationsblut der ersten Mensis eingefärbt war, dann sollte er geradezu Wunder wirken. Auf jeden Fall gibt der um den Penis gebundene Faden nicht nur ein beständiges Gefühl der Erregtheit, sondern er läßt auch immer an die männliche Kraft denken, die so eingeschnürt geradezu nach Befreiung schreit.

Ich selbst habe des öfteren Warzen mit einem roten Faden relativ fest umbunden, was erstaunlicherweise fast immer half. Allerdings sollte nicht verschwiegen werden, daß gerade Warzen sehr gut auf jede Art von Behexung und Heilmagie ansprechen – besonders gut, wenn man diese an sich selber ausübt. Bei der Warzenbehandlung mit dem roten Faden sollte man diesen nach der Benutzung in die Dachrinne legen. Wenn der Faden verrottet ist, dann ist die Warze verschwunden. Allerdings verschwand bei mir die Warze schon vor dem Verrotten des Fadens, was nämlich erstaunlich lange dauert. Ich stellte es mir so vor, daß der rote Faden das »schlechte Blut der Warze« aufgesogen hat, das dann mit dem Wasser der Regenrinne fortgespült und der Erde zurückgegeben wurde.

Wenn ich auch nicht glaube, daß im realen Sinne bei der magischen Heilung all das Beschriebene abläuft, halte ich dennoch solche Vorstellungen für sehr wichtig. Sie stellen uns psychologisch auf das Gesunden ein und bieten uns Bilder, die wirklich eine innere Heilkraft erzeugen können. Nicht umsonst werden bei der magischen Heilung mit dem roten Faden diese Fäden nach ihrem Gebrauch fast immer gut sichtbar an Bäume im Garten, an Türpfosten oder von der Decke gehängt. Man muß beständig an den magischen Vorgang erinnert werden!

Es hängt sicherlich mit dem magischen Vorgang des Knüpfens selbst zusammen, daß weltweit das Knüpfen des roten Fadens so beliebt in der Heilmagie ist. Hier wird das, was in der Krankheit auseinanderzufallen droht, fest zusammengebunden. Der Körper wird wieder zur Einheit, und die rote Farbe läßt ihn zugleich warm und auch lebendig werden. Die Farbe Rot erinnert an das »gute Blut«, das diesen ganzheitlichen Körper durchströmt, und wo »gutes Blut« ist, da schwindet die Krankheit schnell. So wurde in früheren Zeiten das rote gute (tierische) Blut als vorzügliches Heilmittel benutzt, indem es ursprünglich direkt auf den kranken Körper geschmiert wurde. Später wurden der Faden und die Tücher mit Blut eingefärbt und der Kranke so mit dem Blut in direkten Kontakt gebracht.

Die physiologische Wirkung von Rot

Der persische Arzt Ibn Sina[4] (auch Avicenna genannt) war von der heilenden Wirkung der roten Farbe derart überzeugt, daß er bei seinen Behandlungen immer einen roten

Kittel trug – wie ebenfalls der Arzt in den »Canterbury Tales« weitgehend rot mit blauen Accesoirs gekleidet auftritt.

Es ist jedoch keineswegs nur eine kühne Vorstellung des analogen Denkens und der abgehobenen Heilmagie, daß Rot zu heilen vermag! Rot übt wirklich eine nachweisbare physiologische Reaktion auf den menschlichen und tierischen Körper aus. Selbst Pflanzen reagieren eindeutig meßbar auf Rot – sowohl als Rotlicht als auch auf rote Tücher und teilweise selbst auf das Umbinden mit roten Fäden. Ob man nun diese Heilwirkungen der Farbe unter dem eher psychologischen Begriff der Magie faßt oder sie über das naturwissenschaftliche Wellenmodell zu erklären versucht, ist letztendlich unerheblich. Wichtig scheint mir nur, ein anschauliches Erklärungsmodell zu bieten, das sich der Kranke leicht vorstellen kann. Denn die das Farbheilen begleitenden Vorstellungen halte ich für ebenso wichtig wie den Gebrauch der Farbe selbst.

Wenn wir heutzutage, wie bei den Anthroposophen verbreitet, kleine Farbtücher beim Heilen benutzen, dann sollten wir beim Einfärben der Tücher möglichst zu Naturfarben greifen. Meistens handelt es sich bei diesen Naturfarben um feinvermahlene eisenhaltige Erde. Wenn auch das Färben mit Naturfarben aufwendiger ist, als synthetische Anilin- oder Kadmiumfarben zu verwenden, so habe ich mit Naturfarben einfach ein besseres Gefühl, da ich mir vorstellen kann, daß dieser Farbstoff langsam in einem natürlichen Prozeß gewachsen ist. Ich würde auch keine tierischen Farben benutzen, da diese den Schrecken des Sterbens noch in sich tragen. Wo kein Segen und auch keine Harmonie in der Farbherstellung herrscht, da kann man keine Heilung erwarten.

Außer mit dem hier so viel zitierten roten Faden kann man auch mit Halbedelsteinen wie Rubin und Granat arbeiten, um gleiche Ergebnisse zu erzielen. Diese Steine werden auf die entsprechenden Körperstellen aufgelegt. Statt eines roten Fadens kann man ein Stück rote Koralle um den Hals tragen, was die gleiche Wirkung haben soll.

Die physiologische Wirkung von Rot vermag den gesamten Körper aufzuwärmen und zu energetisieren. Rotorange stellt den Wärmepol des Spektrums und Farbenkreises dar. Besonders wenn Rot mit Gelb gemischt wird, kann es dem Körper insgesamt und gezielt auch einzelnen Organen hohe Energien zuführen.

Das wird deutlich bei einer Meditation auf Orange oder Hellrot. Stellen Sie sich ein sattes Orange oder Orangerot durch die Mischung von Gelb und Rot her. Mischen Sie in Abbildung 7 diese beiden Farben, indem Sie Schicht für Schicht relativ dünn abwechselnd Rot und Gelb auftragen, bis Sie den rechten Ton gefunden haben. Dieses Orange oder Hellrot sollte Ihnen schon beim Betrachten ein Gefühl der Wärme vermitteln, es soll etwas von der Qualität der Sonne aufweisen.

Wenn Sie den Kasten in Abbildung 7, wie angegeben, ausgemalt haben, dann nehmen Sie diese Ihre Mischfarbe als Meditationsgrundlage. Schließen Sie Ihre Augen und sehen Sie so deutlich wie möglich diese Farbe vor Ihren geschlossenen Augen. (Wenn es Ihnen auf Anhieb nicht gelingt, Rotorange zu visualisieren, können Sie auch immer wieder für einen Moment die Augen öffnen und auf Ihren Orangenton schauen.) Jetzt stellen Sie sich vor, daß Sie diese von Ihnen selbst ermischte Farbe mit jedem Atemzug einatmen, und lassen Sie dieses Orange sich dann in Ihrem Körper ausbreiten. Beim Ausatmen atmen Sie das Orange wieder aus. Führen Sie dieses Farbatmen etwa zwei bis drei Minuten ganz ruhig und konzentriert durch.

Diese kleine Übung des Farbatmens wird Ihnen deutlich zeigen, wie der Orangeton Ihre Körpertemperatur spürbar erhöhen kann. Diese Erhöhung der Körpertemperatur

Abb. 7:
Das warme Rotorange

kommt unter anderem durch eine tiefe Entspannung der Zellen zustande. Durch diese Entspannung steigt die Durchblutung der Zellen, was sich in einer Temperaturerhöhung bemerkbar macht. In dieser Weise können Sie sich auch immer selbst heilen, indem Sie wie beim Farbatmen in einen Krankheitsherd hineinatmen, der dann durch die Wirkung des Orangetons stärker durchblutet wird. Das ist bei Kälteempfindungen, Infektionsherden und speziell bei schwacher Durchblutung angesagt. Sehr gute Ergebnisse erzielt man mit Farbatmen auf Orange bei Menstruationsstörungen. Bei starken menstruellen Blutungen wie auch bei äußerlichen Verletzungen mit Blutverlust und bei Blutarmut (Anämie) hilft jedoch ein reines Rot besser, das zusätzlich das Eisen im Blut anreichert. Wenn die Menstruation sehr schwer oder nur verzögert in Gang kommt, hilft besonders das Farbatmen mit Orange oder in hartnäckigeren Fällen eine Orange- oder Rotlichtbestrahlung am Ende der Lendenwirbel oder direkt auf den Bauch. Ferner kann man hierbei angewärmte Rubine oder Granate auflegen.

Arbeitet man mit Farbatmen, muß man diese Heilmethode regelmäßig und vorbeugend durchführen und nicht erst, wenn die Symptome schon in voller Stärke vorhanden sind.

Auf jeden Fall konnten Sie an dieser kleinen Übung erfahren, wie Orange seine Heilwirkung entfaltet. Die gleiche Übung können Sie auch mit Rot durchführen. Allerdings ist vom Farbatmen mit Rot dann abzuraten, wenn man zur Nervosität und Aufgeregtheit neigt. Deswegen benutzt man häufig bei derartigen Visualisierungsübungen Orange statt Rot.

Sollten Sie in freier Landschaft am Meer, in der Wüste oder auf den Bergen die Rot-Orange-Töne des Sonnenuntergangs beobachten, dann setzen Sie sich ruhig hin und achten Sie genau auf Ihre Stimmungen, die dabei aufsteigen. Oft hat diese Übung Auswirkungen auf Ihre nächtlichen Träume, die Ihnen weitere heilsame Hinweise geben werden. In jedem Fall wirkt diese Meditation auf den Sonnenuntergang beruhigend und kann im Gegensatz zum Farbatmen mit Rot auch gut von nervösen und unruhigen Geistern durchgeführt werden.

Rot wird in der Farbtherapie immer dort benutzt, wo gestaute Energie – wie bei Muskelzusammenziehungen – wieder zum Fließen gebracht und die Lebensenergie insgesamt erhöht werden soll. Zum Beispiel kann man eine verstopfte Nase durch Rotlichtbestrahlung wieder befreien. Durch Rheuma verursachte Verkrampfungen kann man gut durch orange Tücher und den beliebten roten Faden lösen. Bei der Rheumabehandlung ist Orange mit seiner stärker erwärmenden Wirkung dem Rot vorzuziehen.

Durch das reine Rot wird besonders der arterielle Blutkreislauf energetisiert, was sich durch eine stabilere Gesundheit und höhere Vitalität bemerkbar macht. Rotlicht reichert den Hämoglobingehalt[5] des Blutes an, es intensiviert den Kreislauf, so daß es bei niedrigem Blutdruck und Kreislaufstörungen angeraten ist. Rot erhöht ferner den Stoffwechsel und regt die Verdauung an. Es ist daher sehr bei Verstopfung zu empfehlen (auch wegen seiner Anregung der Leberfunktion). Sprichwörtlich ist der Rothunger der Lungenkranken. In diesem Falle benutzt selbst die konventionelle Medizin unterstützend das Einwickeln der Lungenkranken in rote Tücher.

Wer viel Rote Beten, Tomaten, Radieschen, Kirschen, Rotkohl und rote Beeren ißt, der öffnet sich den natürlichen Lebensenergien, die Rot transportiert, und wird sich vor Erkrankungen der Atemwege gut schützen.

Allerdings sei hier gewarnt vor zu langen (über zehn Minuten) Rotlichtbestrahlungen bei Menschen mit Schilddrüsenüberfunktion, bei aggressionsgestauten und stark cholerischen Personen. Hier kann es leicht zu einer Überenergetisierung kommen, und deswegen würde ich in solchen Fällen zur Arbeit mit roten Halbedelsteinen wie Rubin und

Granat raten, da diese Energien feiner und behutsamer wirken. Statt Rot kann man auch immer zu einem warmen Orangeton greifen, der eine ähnliche Wirkung ausübt. Rot und auch Orange sind niemals bei Fieber (entgegen der Heilmagie und dem Volksglauben), bei offenen Wunden, bei Bluthochdruck, Erregungszuständen und teilweise bei eiternden Wunden anzuwenden!

Sehr wirksam dagegen ist die Behandlung mit Rot bei Phlegmatikern und Melancholikern. Beim sanguinischen Typ tritt häufig eine Abneigung gegen Rot auf, obwohl Rot gerade diesen Menschen oft helfen kann.

In all den oben aufgeführten Fällen kann man auch mit dem roten Faden arbeiten, den man sich um den Hals bindet. Bei Abklingen der Krankheit nimmt man ihn wieder ab und hängt ihn noch einige Zeit gut sichtbar an den Spiegel.

Ob man nun mit Rotlichtbestrahlung, mit Visualisierungen und Farbatmen oder mit dem roten Faden arbeitet, so ist immer zu bedenken, daß diese Heilweisen nicht die konventionellen oder andere Naturheilmethoden ersetzen sollten. Sie können andere Heilmethoden meiner Erfahrung nach sehr effektiv unterstützen und auch präventiv angewandt werden. Ich würde mich trotz allem im akuten Falle nie auf diese Methoden alleine verlassen.

Rot in der Psychotherapie

Psychologisch gesehen, steht Rot für Selbstvertrauen. Rot ist aber auch die Farbe eines brennenden Problems, die Farbe der aus dem Unbewußten hervorbrechenden Emotionen. Bei Ängsten aller Art ist die Arbeit mit Rot angeraten. Eine psychotherapeutische Sitzung mit Rotlicht kann ersehnte Durchbruchserlebnisse liefern. Eine solche Behandlung sollte man jedoch nicht als Selbsttherapie durchführen, da man sich bei ihr zu leicht selbst täuschen kann (Gefahr der Rationalisierung und Verschiebung). Allerdings kann die Anwesenheit eines ehrlichen Freundes hier schon sehr helfen.

Rot als manahafte Farbe wirkt äußerst belebend auf den Geist und hilft besonders dann, wenn man eine intellektuelle Arbeit in einer bestimmten Zeit kreativ durchführen muß. Wie gesagt, schreibe ich dieses Buch hier in einem roten Zimmer mit dem Blick auf die rote Wand. Ich habe das Gefühl, daß mir über weite Passagen dieses Buchmanuskriptes die Ideen einfach nur so zufliegen und verwundere mich, wie schnell ich bestimmte Kapitel konzipiert bekomme. Ich habe jedoch ebenfalls bemerkt, daß ich öfter Pausen machen muß und am Schluß eines Arbeitstages ungewöhnlich erschöpft bin. Allerdings bin ich während dieser Arbeit nie in depressionsartige Verstimmungen gefallen, selbst dann nicht, wie es bei mir sonst üblich ist, als ich das Manuskript beendet hatte.

Rot als Farbe des Bösen

Wußten Sie, daß rote Autos prozentual häufiger als andere Autos in Unfälle verwickelt werden? Ich weiß auch nicht, wie diese verblüffende Tatsache der Versicherungsstatistiken zu erklären ist, zumal man rote Autos sehr gut sieht. Als ich einen Versicherungsagenten dazu befragte, meinte er zu meiner größten Verwunderung: »In roten Autos steckt der Teufel drin.« Aber was bedeutet das denn in unsere moderne Sprache übertragen, die den Teufel weitgehend als Metapher des Bösen abgeschafft hat?

Verkehrspsychologen sagen, daß man im roten Auto nicht nur selbst dahin tendiert, aggressiver als andere Autos zu fahren, sondern daß auch andere Autofahrer auf ein rotes Auto aggressiver reagieren. Rot befreit unseren Schatten, es ruft wirklich das Böse, den Teufel in uns hervor...

Dennoch war Rot 1991 die beliebteste Autofarbe der Deutschen: Immerhin ist fast jedes dritte Auto nach der ADAC-Motorwelt (11/91) rot lackiert.

Wer sich dem Teufel verschrieben hat, der ist dem Volksglauben nach rot, womit rothaarig gemeint ist. In der Inquisition nahm man zum Beispiel an, daß eine Hexe, die den Pakt mit dem Teufel geschlossen habe, sich ein rotes Band um den bloßen Leib binden würde. Hexen besitzen ferner neben roten Haaren rotumränderte Augen, und sie lieben die Teufelsblume, den roten Klatschmohn. Im Französischen heißt der knallrote Mohn auch Höllen- oder Teufelsblume (»bouquet d'enfer« oder »feu d'enfer«). Rote Katzen gelten als Hexentiere, und junge, attraktive Hexen werden bisweilen vom Teufel in Form einer roten Schlange oder eines roten Drachen besucht.

Rothaarige Menschen wurden während der Menstruation ihrer Mutter empfangen – nahm man bis ins 19. Jahrhundert hinein an. Die Zeit der Menstruation galt als eine gefährliche und böse Zeit. Empfing eine Frau in dieser Zeit ein Kind, mußte es schlecht wie der rothaarige Judas Ischariot werden. Rothaarigen Menschen und jenen mit rotumränderten Augen ist der Volksmeinung nach nicht zu trauen, und ich erinnere mich noch deutlich, wie wir als Kindergartenkinder einem Jungen mit roten Haaren zu dessen größtem Ärger immer: »Rotfuchs die Ecke brennt, Feuerwehr kommt angerennt!« nachgeschrieen haben.

In der gesamten christlichen Volkstradition wird von Judas Ischariot angenommen, daß er rothaarig und rotbärtig gewesen sei. Als pubertierender Jüngling hörte ich immer wieder die Meinung, daß rothaarige Mädchen (mit grünen Augen) besonders geil und leicht zu haben seien. Übrigens haben solche Frauen auf mich wirklich immer eine besondere Faszination ausgeübt. Solch eine Faszination kann in früheren Zeiten leicht in Angst vor der derart stark wirkenden Weiblichkeit umgeschlagen sein, so daß diese Erfahrung zur Dämonisierung aller Rothaarigen führte. Die Volksmeinung nahm zum Beispiel noch im 18. Jahrhundert in Frankreich und teilweise auch im Westen Deutschlands an, daß von einer rothaarigen Frau während ihrer Menstruation das Teuflische und alles Verderbende ausfließe, und zugleich ströme sie einen gefährlichen, zersetzenden Geruch aus. Wenn auch solche frauenfeindlichen Zeiten zum Glück vorbei sind, so leben allerdings Vorstellungen wie diese noch immer in der männlichen und weiblichen Seele. Unbewußt schlummern sie dort und tief verborgen, aber noch heute verweisen Traumbilder und Vorurteile auf diese und ähnliche Vorstellungen.

Immerhin bringt Rot das Blut in Wallung, und der wilde Jäger – der germanische Gott Wotan – und der Teufel sind beide mit der roten Farbe verbunden. Wer denen gleich ist, ist ebenfalls rot: ein Analogieschluß, den die christliche Kirche liebend gerne unterstützte.

Der Glaube an die moralische Minderwertigkeit bis Verkommenheit der Rothaarigen findet sich schon im Altertum, wo man selbst bei Tieren davon ausging, daß rote Hunde, rote Füchse und rote Hähne besonders hinterlistig und bösartig seien. Nach christlicher Meinung besaß der germanische Gott Wotan zwei überaus böse rote Hunde. Erstaunlich ist nur, daß man dem Teufel keine roten, abgrundtief bösen Haustiere zuschreibt. Aber der kann sich ja selbst in ein rotes Tier, wie zum Beispiel in die rote Schlange verwandeln, wobei der plumpe sexuelle Anklang hier heute eher belustigend als abschreckend wirkt.

Auch Dämonen und böse Geister locken den naiven Menschen mit der Farbe Rot. Spuk-, Haus- und Wassergeister, Luftelben und Zwerge sind immer rot. Die Nixen als Wassergeister breiten im Meer rote Tücher von größter Schönheit aus, mit denen sie hübsche junge Seeleute und Fischer anzulocken suchen. In Schauer- und Gespenstergeschichten verwandeln sich schwarze Männer oft in rote Geister, die in einer roten Kutsche mit kopflosen Pferden fahren. Überhaupt, wo Rot zusammen mit Schwarz auftritt, da ist mit größtem Unheil zu rechnen.

Begnadigte Verbrecher mußten einen roten Faden um den Hals tragen, wie auch die Geister der Geköpften ein rotes Band um ihren weißen Hals trugen, das daran erinnert, daß hier der Kopf abgeschnitten wurde. Aber nicht nur die bösen Seelen und die Verbrecher waren mit der Farbe Rot verbunden, sondern auch jene, die sich als deren Richter aufspielten. So war traditionell die Robe des Scharfrichters immer scharlachrot, wenn er den armen Sünder in seinem roten Hemdchen hinrichtete, und noch heute tragen ja in Deutschland die höchsten Richter des Bundesverfassungsgerichtes rote Roben. Am Gerichtstag wurde in deutschen Landen die blutrote Fahne gehißt, wenn es um die Todesstrafe ging, und der Richter erschien dann im leuchtendroten Umhang.

Mit diesem Rot der Gerichtsbarkeit wollte man sich wohl wie mit dem roten Faden und dem roten Amulett vor allem Bösen schützen. Von diesem Schutz vor allen bösen Geistern und Dämonen ist die Tradition geprägt, im Kalender die Zahlen der Sonntage rot zu drucken. Der erste Kalender mit zinnoberrot gedruckten Zahlen kam 1493 in einer Zeit der Hochblüte des Aberglaubens heraus. In ihm wurden die Feiertage, die Märtyrertage und jene Tage rot gedruckt, an denen es günstig ist, einen Menschen aus Heilgründen zur Ader zu lassen. Alle diese rotgedruckten Tage benötigen einen besonders starken Schutz vor den Geistern und Dämonen. Die Märtyrertage und Purgationstage (jene Tage, an denen man einen zur Ader läßt) haben mit offenen Wunden, mit Blut zu tun. Die Körpergrenze ist offen, und wo diese so offen steht, da kann sehr leicht ein Geist oder Dämon hineinfahren. Der Feiertag muß deswegen besonders gegen alles Böse geschützt werden, da er zum Müßiggang herausfordert, und der Müßiggang ist bekanntlich der erste Schritt zum Bösen.

Die Vereinigung der Gegensätze

Um den roten Faden dieses Kapitels nun zusammenzuknüpfen, lassen Sie uns noch einmal kurz die verschiedenen Funktionen des magischen Rots Revue passieren: Zunächst ist das magische Rot an die Liebesmagie gebunden. Es verbindet das, was eh mehr oder weniger zueinanderstrebt. Und da die Liebe die größte Heilkraft besitzt – sowohl die geistige als auch die körperliche Liebe[6] –, ist der ausgiebige Gebrauch des Roten in der Heilmagie verständlich. Immer ist es der rote Faden, der geknüpft wird, um das festzuhalten, was zusammengehört. Der rote Faden schafft die ersehnte Einheit und die Bindung an die Liebe.

Allerdings hat jede Funktion des Roten auch ihre Schattenseite: Das Rot der Liebe findet seinen Schatten im Rot des Bösen. Die rote Rose als Symbol der Liebe findet ihren Gegenpart im roten Mohn als Symbol des Bösen. Das Böse und das Heilende als die zwei Seiten des Gleichen verbinden sich im Roten, wobei wieder der Zwiespalt dieser Farbe überdeutlich hervortritt. Aber diese Spannung, die durch die Verbindung der Ur-Gegensätze erzeugt wird, läßt Rot zur idealen Zauberfarbe werden.

Rot ist die Farbe der »Conjunctio«, jenes alchemistischen Vorgangs, bei dem die Gegensätze miteinander vereinigt werden, und um diese Gegensätze wirklich untrennbar miteinander zu vereinigen, muß der rote Faden geknüpft werden. Die auseinanderstrebenden Gegensätze müssen sozusagen zusammengebunden werden. Aus dieser Vereinigung der Gegensätze geht dann die Erkenntnis hervor, daß es gut und böse letztendlich gar nicht gibt. Die Farbe der Liebe ist auch die des Bösen, die Farbe, die heilt, ist auch die der tiefen Verletzung. Und so können wir am magischen Rot lernen, daß wir das Böse und die Liebe gleichermaßen annehmen müssen, um geheilt zu werden. Mit dem roten Faden wollen wir uns der Liebe öffnen, und zugleich können wir uns mit diesem Faden dem Teufel verschreiben. In der roten Robe möchte der Richter das Gute schaffen und hüllt sich dabei zugleich in die Farbe des Teufels und aller bösen Geister. In dem magischen Gebrauch von Rot werden archetypische Lebensmuster unseres Unbewußten wiedergegeben, und es mahnt uns an unsere Lebensaufgabe, die Gegensätze in uns zu vereinigen, anstatt die eine Seite – meist das Böse – abzuspalten. Unsere böse Seite gehört genauso zu uns wie unsere liebe Seite. Man muß nicht die eine Seite opfern, um einseitig in der anderen, die man für gut hält, zu leben. Diese Gegensätze und deren dynamische Spannung machen das Menschsein und das Leben aus. Und von daher liegt es auf der Hand, daß Rot als Farbe des Lebens auch diese Spannung ausdrückt und in sich trägt. Aufgrund dieser beiden Pole, die es in sich vereinigt, kann solch eine enorme Energie im Roten fließen, daß es mit Schwarz[7] zusammen zur meistgebrauchten magischen Farbe seit Urzeiten und in allen Kulturen wurde.

Anmerkungen

1 Eine Distel der Gattung der Korbblütler, zu der auch die Silberdistel gehört.

2 Ein bekanntes Beruhigungsmittel.

3 Bächtold-Stäubli, Hanns: *Wörterbuch des deutschen Aberglaubens,* hrsg. von E. Hoffmann-Krayer, (Verlag Walter de Gruyter) Berlin, Leipzig 1935/6 (nachgedruckte Studienausgabe 1986), Bd. VII, S. 809

4 Ibn Sina war auch unter dem Namen Avicenna bekannt. Vgl. dazu Ray, Clarissa: *Die persönliche Magie der Farben. Symbolkraft, Psychologie und Heilenergie.* (Edition Tramontane) Bad Münstereifel 1991, S. 130

5 Farbstoff der roten Blutkörperchen, der zum Sauerstofftransport wichtig ist.

6 Im Mittelalter pflegte man mit sexueller Liebe zu heilen. Einem alten, kranken König oder Adeligen wurde ein junges Mädchen ins Bett gelegt. Berührte er dieses Mädchen nicht, nahm man an, daß er sterben müsse (was meist auch der Fall war).

7 Vgl. dazu genauer: Vollmar, Klausbernd: *Das Geheimnis der Farbe Schwarz. Psychologie, Mythos, Symbolik.* (Bruno Martin Verlag) Südergellersen 1988

DER ROTE BLITZ

Rot als Farbe der Aggression

Der Boxer

Ein erfolgreicher Mittelgewichtsboxer pflegte sich auf seine großen Kämpfe dadurch vorzubereiten, daß er sich vor dem täglichen Training für etwa eine Viertelstunde in ein künstlich beleuchtetes scharlachrotes Zimmer ohne Fenster zurückzog. In diesem Zimmer waren nicht nur die Wände, sondern auch die Decke und der Boden rot gestrichen. Nachdem er aus dem Zimmer kam, fühlte er sich, nach eigenen Aussagen, derart geladen und voller aggressiver Energien, daß er nicht mehr zu halten war. Später machte er es zur Auflage, daß ihm bei jedem Kampf eine rotgestrichene Kabine zur Verfügung stehen sollte. Diese Kabine genüge schon allein, sich auf den Boxkampf moralisch und energiemäßig vorzubereiten, erzählte er öfter im privaten Kreis.

Es gibt sicherlich keine andere Farbe, die so sehr wie Rot mit der Aggression verbunden ist. Zum einen liegt das daran, daß der Strom der Erregung bei Wut und Aggression nach oben fließt. Dieser Strom der Erregung wird von einem starken Blutstrom begleitet, der zum Kopf hin fließt (man bekommt einen roten Kopf), so daß man bei Wut rot sieht. Auf der anderen Seite fließt bei einem ungehemmten Ausdruck der Aggressionen oft Blut, so daß Rot untrennbar mit der Erfahrung von Wut und Aggression geradezu archetypisch verbunden ist. Der griechische Arzt Galen, der die Menschen im ersten Jahrhundert v. Chr. in vier Temperamente einteilte, ordnet folgerichtig dem aufbrausenden und aggressiven Choleriker die Farbe Rot zu. Die Sprache der

Irokesen, einem Indianerstamm in Nordamerika, drückt diesen Bezug sehr deutlich aus, wenn sie das gleiche Wort für »Rot« und »Krieg« benutzt.

Unter allen Rottönen sind es besonders die etwas kälteren Töne wie Scharlachrot und Magenta, welche die meisten Aggressionen hervorrufen. Wärmere Rottöne energetisieren zwar sehr, wirken jedoch im Vergleich zum kälteren Rot eher harmlos und freundlich.

Damit Sie das nachvollziehen können, malen Sie bitte das Quadrat in Abbildung 8 mit einem richtig aggressiven Rot deckend aus. Mischen Sie sich dieses Rot auf dem Papier des Buches hier, indem Sie dünn Schicht um Schicht oder schraffierend ein möglichst reines Rot mit etwas Blau durchscheinend übermalen. Probieren Sie diese Mischung so lange aus, bis Sie sich selbst äußerst aggressiv fühlen und spüren, daß Sie den rechten Rotton getroffen haben.

Sie können diese Übung auch im Naßaquarell ausführen, indem Sie ein Kadmium- oder Brillant-Rot auf gut genäßtes Aquarellpapier auftragen und dann einen leichten Spritzer Blau hinzugeben. Entweder beobachten Sie jetzt, wie die Farbe ihre eigene Dynamik entwickelt und sich fließend auf dem Papier mischt, oder Sie fahren einmal kurz mit einem feuchten Pinsel über die gesamte Fläche und mischen so auf dem Papier.

Meditieren Sie nun auf diese Farbe, indem Sie sich Ihr Quadrat erst mit starrem Blick betrachten und dann die Augen schließen. Zunächst wird dann vor Ihren Augen die Komplementärfarbe (wahrscheinlich ein warmer Grünton) erscheinen. Wenn diese verblaßt ist, stellen Sie sich wieder dieses aggressive Rot vor Ihren geschlossenen Augen vor und lassen alle Ihre Gefühle hochsteigen, die sich Ihnen mitteilen möchten.

Halten Sie diese Farbvorstellung auf keinen Fall länger als

Abb. 8:
Das aggressive Rot

ein bis zwei Minuten, da Sie sonst zu leicht überenergetisiert werden. Falls Sie zu Nervosität und Unruhe neigen, sollten Sie diese Übung nur als Ausmalübung durchführen und auf die Visualisierung verzichten.

Diese Vorstellung des aggressiven Rots eignet sich besonders für aggressionsgehemmte Menschen, da dieses Rot geradezu als Therapeut wirkt, der die verschlossenen und unterdrückten Aggressionen befreit. Lassen Sie also die hochsteigenden Aggressionen zu und betrachten Sie sich diese, Ihre dunkle Seite mit einer gewissen Distanz. Beobachten Sie, was in Ihrem Gefühlsbereich geschieht. Hinterher können Sie zur Erholung auf ein warmes Orangerot oder einen warmen Braunton meditieren.

Wollen Sie die Wirkung des aggressiven Rots homöopathisch mit Rot wieder aufheben, können Sie das im Buddhismus häufig benutzte Mantra *Om Mani Peme Hung* benutzen.[1] Sprechen Sie dieses Mantra konzentriert lautlos oder leise aus und stellen Sie sich die Silbe *me* leuchtendrot vor. Nach buddhistischer Auffassung schafft dieses leuchtende Rot des *me* nicht nur unermeßliche Freude, sondern es löst auch alle Anhaftungen, Begierden und jedes Leid auf, das wir im alltäglichen Leben erfahren.

Rot als Farbe der Macht

Jung spricht der roten Farbe einen manahaften Charakter zu. Der anthropologische Begriff »Mana«, der ursprünglich aus dem Melanesischen stammt, will in diesem Zusammenhang sagen, daß von Rot eine außergewöhnliche, fast zwingende Kraft ausgeht. Es ist das Blut als ganz besonderer Lebenssaft, das nicht nur unseren Ahnen im Rot entgegentrat. Diese Kraft des Blutes ist überaus mächtig.

In einigen Sprachen – wie dem Hebräischen und der Sprache der Eskimos – lebt noch dieser Zusammenhang zwischen Rot und Blut fort, indem im Farbwort »rot« auch die Bedeutung und der Stamm von »Blut« mitschwingt. Im Deutschen kennen wir die Bezeichnung »blutrot«, eine Farbvorstellung, die uns sehr berühren und bewegen kann.

Die magische Kraft des Roten sprach jedoch besonders die Menschen der Vor- und Frühgeschichte an, die die Knochen ihrer Verstorbenen nach deren Ausbleichen in frühesten Zeiten mit Blut bestrichen. Später vermochte dann der rote Ocker stellvertretend für das Blut die Totengeister zu beschwören. Der rote Ocker stellt wohl das älteste rote Farbpigment dar, das aus roter Erde gewonnen wurde und das tierische (oder auch menschliche) Blut ersetzen konnte. Das rote Blut galt seit Urzeiten als Träger der Lebensenergie. Man war tief bewegt bei der Bemalung mit dem Blut, die belebende Kraft des Roten erfaßte einen. Und keineswegs wurden nur die Toten mit Blut und später mit rotem Ocker bemalt, sondern die Männer zogen auch mit solcher Bemalung der Haut auf die Jagd und in den Krieg. Man kann sich geradezu vorstellen, wie damals Rot, wie heute von den Kindern noch, als Energieballung erlebt worden ist.

Sehr deutlich wird dieser Bezug zwischen roter Erdfarbe, Blut und Leben in der jüdischen Tradition ausgedrückt, die annahm, daß Gott selbst bei der Erschaffung des ersten Menschen roten Lehm benutzte (Genesis 2,7). Die rote Farbe des Lehms ist bei der Belebung des zum Menschen geformten Erdklumpens genauso wesentlich wie der Atem Gottes, der dieser Erde eingehaucht wird. So spielt natürlich in verschiedenen Versionen der Golem-Geschichte die Farbe Rot eine wesentliche Rolle. Fast scheint es, als ob es ohne Rot keinerlei Belebung gäbe, wollte man den Geschichten der Rabbiner Glauben schenken.

Das manahafte Rot symbolisiert allerdings nicht nur das Blut und somit die Lebensenergie, es bringt das Blut auch in Wallung. Überall, wo große Gefühle beteiligt sind, da finden wir die Farbe Rot. Liebe und Aggression, die beiden größten Gefühle, die nicht nur das menschliche Blut in Wallung versetzen, werden beide mit Rot verbunden.

Der Gral

Aber auch vergeistigte Energien, die den Menschen leiten und verändern können, sind dem Rot verbunden. In seiner wohl spirituellsten Form tritt uns das manahafte Rot in den mittelalterlichen Gralslegenden und im roten Wein des Abendmahls entgegen. Unter den vielen Vorstellungen, was der Gral sein könnte, finden wir immer wieder die Geschichte von Josef von Arimathia, der in diesem Kelch Christi Blut aufgefangen haben soll.

Hier möchte ich einen kleinen Exkurs über Glastonbury, den heiligen Ort Englands (im nördlichen Teil Somersets), einfügen, da in Glastonbury die Gralslegende und die Geschichte des Abendmahls zusammentreffen. Man nimmt an, daß Josef von Arimathia den Kelch des letzten Abendmahls besaß und in ihm die Blutstropfen aus dem Leib Jesus Christi aufgefangen habe. Damit er dem Norden Europas den neuen Glauben überbringe, segelte er mit seinen zwölf Schülern nach Westen, der Route der Zinnschiffe folgend, die schon damals Zinn aus Cornwall bis in die fernsten Gebiete des östlichen Mittelmeeres brachten. Auf ihrer Reise zum heutigen England kamen Josef von Arimathia und seine Begleiter den Fluß Severn hinauf, wo sie einen Berg fanden, der dem Berg Tabor ähnlich sah. Das war der Glastonbury Tor, ein pyramidenartiger Hügel, an dem sie sich niederließen und den Gral verwahrten.

Nach dem Tode von Josef von Arimathia kam der Gral in die Blutquelle am Chalice Hill gleich am Fuß des Glastonbury Tors, wo er von drei Jungfrauen gehütet wurde. Diese Blutquelle am Chalice Hill stellt ein altes druidisches Heiligtum dar. Aus ihr fließt noch heute rotes, eisenhaltiges Wasser, das wie Blut riecht und in dem kleine Teilchen einer seltenen Wasserflechte schwimmen, die wie rotes geronnenes Blut aussehen. Hier soll Morgana le Fey, die dunkle Halbschwester von König Artus und Merlins Musterschülerin, gewohnt haben. Sie war eine Fee, die im Zauber des roten Wassers sehr bewandert war, wie es in der Legende heißt. Zu ihrer Zeit sollen in der Blutquelle Menschen geopfert worden sein. Später wurde das rote Wasser dieser alten Quelle erwählt, um den Gral gegen Diebstahl und Mißbrauch zu schützen. Die zyklopischen Steine des roten, heute noch sehr ergiebigen Brunnens erinnern in ihrer

Handwerkskunst an Steinfügungen in Stonehenge – auf jeden Fall sind sie sehr alt. Ironischerweise wurde in diesem heidnischen Quellheiligtum der Gral versteckt, und man ließ die roten Wasser den Abendmahlsbecher wohl behüten. Das Blut Christi und das heidnische Blut jener roten Quelle verbanden sich. Die Macht des Roten war eine ungeteilte und voller Magie, so daß noch heute Scharen von Pilgern seit den christlichen Rittern zur roten Quelle fahren, wie auch heute noch Millionen von Menschen an den magischen Vorgang der Transsubstantiation (Umwandlung) des meist süßen Rotweins glauben.

Sie werden sich wundern, was denn dieses spirituelle Symbol des Grals mit der Aggression zu tun hat. Im Mittelalter, geprägt durch die Zeit der kriegerischen Kreuzzüge, wurde die Vorstellung des Grals dafür benutzt, dem Rittertum eine verbindende Idee zu vermitteln. In den kämpferischen Auseinandersetzungen drohte das Rittertum zu verrohen, und so bot sich die Idee der Gralssuche an, die damaligen Krieger zu kultivieren.

Es gibt noch heute viele Geschichten und Legenden über die rote Grals-Quelle in Glastonbury, in der sich alter und neuer Glauben verbinden. Die christliche Version der Erzählung finden wir im »Parzival« des Wolfram von Eschenbach. In einigen Versionen dieser Geschichte gibt es die hochmystische Stelle, als Parzival in der Gralsburg den Becher mit rotem Blut gereicht bekommt. Selbst Richard Wagner wurde noch von dieser Gralssuche so bewegt, daß er sie – weitgehend vom mittelalterlichen Vorbild abweichend – romantisch vertonte.

Die Götter des Krieges

Sie werden es selbst bemerkt haben, daß bestimmte Rottöne fast unausweichlich ein Gefühl der Aggression hervorrufen. Dies hängt nicht nur damit zusammen, daß Rot dem Blut verbunden ist, das bei jeder echten aggressiven Auseinandersetzung fließt. Rot regt auch das Nervensystem so an, daß es oft zur Aufregung oder aggressiven Erregung, wie bei dem anfangs zitierten Mittelgewichtsboxer, führt.

Bildlicher Ausdruck dieser geradezu archetypischen Erfahrung des aggressiven und aufregenden Rots ist der bekannte römische Kriegsgott Mars mit seinem griechischen Vorläufer Ares. Diese beiden Götter symbolisieren den aggressiv männlichen Krieger, der Blut sehen will und im Kampf Wunden schlägt. Das ist die wilde Energie des Widders, der ungestüm mit seinen Hörnern um sich stößt, um den Angreifer zu verletzen und in die Flucht zu schlagen, wenn er ihn schon nicht töten kann.

Neben dem Widder gehört das Eisen, das die böse Wunde reißt, zum Mars. Das Eisen läßt das Wasser rot wie Blut werden (zum Beispiel in der Blutquelle in Glastonbury) und verleiht der Erde eine braunrote Färbung. Gegen die blutende Wunde, die von den Kräften des Mars gerissen, geschnitten und geschlagen wird, hilft der eisenhaltige Blutstein (Hämatit).

Aber nicht nur die Griechen und Römer besitzen ihren roten Kriegsgott, nach dem der rote Planet benannt ist. Auch der gallische Mythos kennt den roten kriegerischen Gott Rudianos, dessen Namen vom Gallischen »rudio« für rot abstammt. Die Römer nannten diesen scharlachroten, Blitze schleudernden Gott den gallischen Mars. Er schlug mit seinem Blitzhammer (wie Donar) und seiner blutroten Keule alles nieder, um es als Fruchtbarkeitsgott wieder im ewigen Rhythmus von Sterben und Wiedergeburt aufleben zu lassen.

Auch den Asiaten sind rote kriegerische Götter keineswegs unbekannt: Die indische Mythologie kennt den furchterregenden Rudra, den gefährlichen Bogenschützen, der die Krankheitspfeile abschießt und ein Meister des Tötens ist. Seine andere Seite ist allerdings – wie beim gallischen Mars – die des Fruchtbarkeitsgottes. So wie er zerstört und tötet, so baut er alles wieder auf. In Süd-Indien verehrt man noch heute den roten göttlichen Krieger Murukan und in Sri Lanka Kataragama, den roten Gott, der als Oberbefehlshaber das schlagkräftige Götterheer anführt. Diese beiden roten Götter des Krieges sind aber nur furchtbar, ihnen fehlt die ausgleichende fruchtbare Seite. Für mich symbolisieren sie die abgespaltene Aggression im Gegensatz zu Rudra und Rudianos, die auch um die kreative Seite der menschlichen Aggressionen wissen.

Den »Canterbury Tales« zufolge (»Die Erzählung des Ritters«, I, 2156 – 2168) reitet Emetrius, der göttliche König von Indien, als Krieger mit einem rotbraunen Pferd in die Schlacht. Er trägt dabei einen Mantel, der mit feuerroten Rubinen besetzt ist, und auch sein Gesicht leuchtet ganz rot. Wie Rudra und Rudianos besitzt Emetrius sowohl eine wilde aggressive als auch eine edle positive Seite, denn er reitet zur Ehre des Rittertums der Liebe wegen in die Schlacht.

Es mag uns Zeitgenossen vielleicht verwundern, daß selbst die Götter Krieg führen. Der Krieg ist göttlichen Ursprungs – allerdings nicht in dem Sinn, wie es der Islam heute darstellt, der so häufig vom heiligen Krieg in den Zeiten des Golfkriegs sprach. Der Krieg ist vielmehr in dem Sinne göttlich, als der Umgang mit den Aggressionen etwas Natürliches sein sollte. Und alles das, was der Mythos als einen äußeren Vorgang darstellt, findet im inneren Land der Seele statt. So ist der Krieg auch ein häufig auftretendes Traumsymbol für innere Konflikte in der Seele des Träumers. In jeder menschlichen Seele wohnt die rote Aggression und führt Krieg gegen die ebenfalls rote Liebe. Aus diesem Konflikt heraus ist einzig Entwicklung oder Individuation, wie C.G. Jung es nennt, möglich. Die roten Kriegsgötter der verschiedenen Völker weisen auf die Aggression und das Böse hin, auf den Schatten, der in jeder menschlichen Seele wohnt und anzunehmen wie auszudrücken ist. Die Verehrung der Kriegsgötter, die oft zugleich auch Fruchtbarkeitsgötter waren, war deswegen zu allen Zeiten – bis auf die heutige Zeit! – ein hochheiliges Ritual, dem man sich nur mit äußerster Ehrfurcht hingab. Der Krieg und die Aggression mußten geheiligt und von mächtigen roten Göttern regiert werden, da sie solch eine große Kraft entwickeln können, die den Menschen hilflos dem Verderben ausliefert.

Die Aggression im Inneren und der Krieg im Äußeren scheinen eine an das Menschsein geknüpfte Realität zu sein. Solche Realitäten wurden in den alten Kulturen klugerweise im Kulturprozeß an eine vergeistigte Form gebunden, um nicht zu sehr ins Unmenschliche und Triebhafte zurückzufallen. Diese geistige Form findet ihren archetypischen Ausdruck in der Farbe Rot, die in der gesamten Welt die Götter des Krieges und somit die Aggression symbolisiert.

Das positive Kämpfen

Wenn die rote aggressive Kraft zum menschlichen Leben dazugehört, dann müssen wir uns überlegen, wie diese dem ersten Anschein nach zerstörerische Kraft in eine »zivilisierte Gesellschaft« integriert werden kann. Hier ist die Praxis des positiven Kämpfens kurz zu erläutern, da durch sie die Aggressionen nicht zur Zerstörung des anderen eingesetzt werden, sondern vielmehr, um sich in seinen eigenen Gefühlen zu zeigen.

Wenn ich zum Beispiel Wut empfinde, so mag zwar auch dreimaliges tiefes Durchatmen helfen, aber es befreit ungleich mehr, wenn ich diese Wut spontan ausdrücken kann. Dieser Wut-Ausbruch sollte jedoch immer in dem Bewußtsein geschehen, daß es mein persönliches Gefühl ist, das ich hier zeige. Die Wut hat primär mit mir zu tun und erst sekundär mit meinem Gegenüber. Wenn ich mir dessen bewußt bleibe, wird aus einem meist destruktiven Gefühl ein aufbauendes: Ich zeige mich dem anderen klar in meinen Gefühlen und habe dadurch die Chance, mich selbst zu erkennen. Der rote männliche Weg der aggressiven Kräfte kann zur Selbsterkenntnis führen – vielleicht wollen gerade das die roten Götter des Krieges ausdrücken.

Das männliche Rot

Alle diese wilden roten Kriegsgötter, die eine Blutspur hinterlassen, sind Männer. Das Männliche, das Aggressive und das Rote scheinen archetypisch untrennbar miteinander verbunden zu sein. Das war auch den Alchemisten zumindest unbewußt klar, wenn sie das aktive, aggressive männliche Prinzip – zum Beispiel eine starke Säure – als den roten Krieger oder den roten wilden Mann bezeichneten.

In der Alchemie stellt Rot immer eine männliche Kraft dar. Dort gibt es das Symbol der roten Tinktur, der roten Rose und besonders des roten Löwen und des roten Drachen. Immer handelt es sich hierbei um höchst aktive, männlich vorgestellte Wandlungskräfte, die an den roten Mars erinnern, der mit dem biologischen Symbol für »männlich« gekennzeichnet wird.

Das ist der männliche Pol der Farbe Rot, der etwas zum Blau hin tendiert. Er steht dem weiblichen Pol der Farbe Rot, der eher etwas gelbstichig wirkt, polar gegenüber. Hier auf der männlichen Seite finden wir unter anderem die

Kraft, die Macht und die Aggression – Eigenschaften, die sich alle auch befreit ausdrücken können. Auf der weiblichen Seite finden wir das beschützende, wärmende und mütterliche Rot – jenes warme Rot, welches Jungs *Anima* entspricht.

Im 9. Gesang (Hölle) von Dantes »Die Göttliche Komödie« finden wir als Ausnahme das aggressive Rot mit Frauengestalten verbildlicht. In der Hölle treten die drei blutroten Furien auf, und somit wird hier das aggressive Rot als Schatten des Weiblichen gesehen.

Der Schweizer Volkskundler Hanns Bächtold-Stäubli[2] vermutete, daß unsere Vorväter die psychologische Wirkung der Farbe Rot ausnutzten, um die Krieger besonders im damals verbreiteten Nahkampf aufzureizen. Dabei wirkt das Rot um so stärker, je mehr sich seine Tönung dem aggressiv leuchtenden Scharlachrot zuneigt. So ist uns bekannt, daß in Zeiten der Ur- und Frühgeschichte wie auch bei isoliert lebenden Urvölkern die Krieger sich noch heute mit roter Kriegsbemalung schmücken, um so die aggressive Kraft der Farbe Rot auf sich übergehen zu lassen. Ein schwacher Überrest dieses Brauches ist noch darin zu finden, daß bei fast allen Heeren in der Welt die Signalhörner und Angriffstrompeten rot umwickelt waren. Hier sollte wohl Rot auf den Ton übergehen, der mit dem wilden Angriff verbunden war (ähnlich wie das Kriegsgeschrei der alten Völker).

Die rote Fahne

Die Farbe der alten Kriegsgötter führte außer zu roten Uniformen, die schon bei den Landsknechten sehr beliebt waren, auch zur roten Fahne. Die Spartaner wie auch die Römer benutzten als erste Nationen leuchtendrote Fahnen während ihrer Schlachten »zur Anregung ihrer Drüsentätigkeit; das gab den Soldaten einen Adrenalinstoß und erhöhte ihre Kampfeslust.«[3] So berühmt wie berüchtigt wurde die sogenannte *vexilla*, die leuchtendrote Fahne der römischen Reiterei.

Die rote Fahne wurde allerdings dann erst wieder in der Neuzeit sehr beliebt, als sie im Jahre 1792, nach der Befreiung der Galeerensträflinge durch die Jakobiner, zur Rachefahne der Unterdrückten wurde. Alles fing damit an, daß Ende des 18. Jahrhunderts ein revolutionäres Komitee zur Feier der Befreiung der Galeerensträflinge ein rotes Tuch mit einer zum Rachekampf auffordernden Inschrift herstellte, das dann als Fahne benutzt wurde. Überhaupt liebten die Jakobiner die rote Farbe: Sie trugen die blutroten Kappen, und unter ihrer Herrschaft floß das Blut in Strömen. Bis 1798 wurde in Koblenz die jakobinische Zeitschrift mit dem bezeichnenden Titel »Das Rothe Blatt« herausgegeben, die dann in »Der Rübezahl« (1799) umbenannt wurde.

In der Mitte des 19. Jahrhunderts nahm der italienische Patriot und Freikorpsführer Giuseppe Garibaldi die rote Farbe für seinen Freiheitskampf im Beschlag, bis dann zuletzt die rote Fahne bei den Kommunisten endete. Die Fahne des Hasses sollte wohl den Klassenkampf symbolisieren, den man gemäß der marxistischen Revolutionstheorie blutig durchzuführen gedachte.

Der moderne Krieg ist jedoch seit dem Ersten Weltkrieg unbunt geworden: Die Tarnfarbe beherrscht das kriegerische Terrain. Wo vorher rote Jacken, rote Uniformhosen und -mäntel leuchteten, sieht man jetzt grün-braune Tarnanzüge. Das rote Blut des Soldaten wird unter Einsatz modernster Tötungstechnologien verdrängt. Der moderne Krieg verbrennt den Feind auch eher durch thermische Strahlung, als daß er noch blutende Wunden reißt.

Die Schwingung des roten Farbpigments

In das Bild vom aggressiven Rot paßt es, daß die Herstellung vom roten Farbpigment – außer wenn es aus speziellen Erden gewonnen wird – immer an die Tötung von Lebewesen gebunden ist. Kann zwar das rote Pigment sowohl aus Mineralien, Pflanzen und Tieren hergestellt werden, so wurde doch häufig das Rot aus tierischen oder pflanzlichen Produkten erzeugt.

Für die Rotherstellung werden zumeist Schildläuse (Kermes oder Koschenillen) oder Stachelschnecken (die Purpurschnecke des Mittelmeeres) getötet. Diese dem roten Farbstoff anhaftende Grausamkeit findet man sonst bei keiner anderen Farbe. Auch das bis ins letzte Jahrhundert hinein für Uniformen so beliebte Krapprot setzt die Tötung einer Pflanze voraus.

Bei der Rotherstellung schwingt meist der Tod mit. Ich glaube, daß die Produktionsbedingungen einer Farbe auch die Austrahlung dieser Farbe tönen. Es ist dem Kermesrot oder Purpur zugehörig, daß hier getötet wurde, und deswegen eignen sich diese Farben so gut zum Kriegsgebrauch. Man sieht geradezu den Tod im Rot hindurchscheinen und erinnert sich der zerdrückten Tiere, der blutenden Wunden und der Blutspritzer des Krieges, die auf roten Uniformen weniger auffallen.

Der Sieger

Wer vom Kriegsgott geliebt wurde, der war der Sieger, und als Sieger ehrte er seinen Kriegsgott in roter Kleidung. Der römische Triumphator zog immer ganz in Rot in die Stadt ein und erinnerte so selbst an Mars. Über die Zeiten wurde die rote Farbe jedoch zum Zeichen der Sieger aller Art. Nach Vergil werden selbst die Sieger im Wettrudern mit roten Purpurbinden ausgezeichnet[4].

Am Anfang dieses Jahrhunderts war es auch noch im deutschen Reitsport üblich, daß rotgekleidete Jungfrauen dem Sieger den Ehrenpreis überreichten.

Die Hilfe

Die Organisationen, die sich der Kriegsopfer annahmen, wie das Rote Kreuz und der Rote Halbmond, wählten zu ihrer Symbolfarbe ebenfalls Rot. So verbindet Rot diejenigen, die die Wunden schlagen, mit denjenigen, die die Wunden heilen. Wieder zeigt uns Rot seine beiden Gesichter.

Vielleicht ist hier auch ein symbolisch anderes Rot gemeint: jenes Rot, das wir schon bei der Magie des Heilens trafen und das letztendlich das Rot der Liebe ist.

Anmerkungen

1 Ein Mantra ist ein heiliger Spruch, den man beständig über eine gewisse Zeit wiederholt; im weitesten Sinne ist das Mantra dem christlichen Gebet vergleichbar.

2 Bächtold-Stäubli, Hanns: *Handwörterbuch des deutschen Aberglaubens*, a.a.O., S. 794

3 Ray, Clarissa: *Die persönliche Magie der Farben. Symbolkraft, Psychologie und Heilenergie.* (Edition Tramontane) Bad Münstereifel 1991, S. 41

4 Vergil: *Aeneis* 5, 268f.

ROTE ROSEN, DIE LIEBE UND DAS HERZ

Rot als Farbe der Liebe

Wir träumen uns jetzt zur Einstimmung auf das folgende Kapitel in das Rot der Liebe hinein.

Können Sie sich erinnern, als Sie das letzte Mal verliebt waren? – Vielleicht sind Sie sogar gerade verliebt? Spüren Sie diesem Gefühl nach und lassen Sie alles aus den verborgenen Welten Ihres Inneren aufsteigen. Nehmen Sie sich Zeit dazu, und wenn Sie sich Ihr Inneres genau betrachtet haben, dann gehen Sie auf die folgende Traumreise.

Traumreise

Ich wandere über einen Feldweg den Berg hinunter. Unten im Tal liegt ein Dorf, dessen rote Ziegeldächer ich schon von oben sah. In diesem kleinen Dorf am Bach möchte ich rasten.

Und nun wird der Feldweg zu einem tief eingeschnittenen Hohlweg. Hier ist es angenehm kühl und durch das dichte Laub der Buchen fällt ein gedämpftes Licht...

In diesem Hohlweg lasse ich all meine alltäglichen Sorgen hinter mir. Ich fühle mich frei und leicht und habe meine Vergangenheit auf dem Berg hinter mir gelassen. Sorgenfrei gehe ich dem Dorf entgegen und eh ich mich versehe, stehe ich schon am Dorfeingang: die Holzbrücke über den Bach. Das ist die Grenze zu der anderen Welt, zu der meiner Phantasien und Träume...

Schon bin ich am anderen Ufer. Ich sehe auf einem Dorffest junge Männer im roten Wams und Mädchen mit weißen Blusen und roten Röcken tanzen. Eine Hochzeit wird gefeiert und dort, am Rande der Tanzfläche, steht die Braut in einem roten Hochzeitskleid, so schön und so verlockend. Sie hält einen Strauß roter Rosen in ihrer rechten Hand.

»Die jungfräuliche Braut und die Hure, beide tragen sie Rot, die Farbe der Liebe...«, fällt einer Frau neben mir auf. Als ich noch darüber nachsinne, entsteht ganz langsam das Bild einer jüngeren Hexe vor mir. Ihre roten Locken kringeln sich unter einem roten Kopftuch hervor. Sie schaut mich geradeheraus an:

»Was suchst Du hier?«

»Rot«, antworte ich etwas verwirrt.

»Rot ist die Liebe und die heiße Sünde. Rot ist Blut, das so leicht in alle möglichen Wallungen gerät und besonders das weibliche Blut: Menstruation, Geburt, Entjungferung...«

Rot – die Farbe der Hexen und des Teufels. Rot ist die Unterwelt, dieses Gemisch aus Trieben und Gefühlen. Rot ist die Sexualität – und da sehe ich schon die Hexe in roter Unterwäsche vor mir stehen: Die Macht und die Verführung der Farbe Rot...

Ein roter Priapos und die knallrote Baubo tanzen wild und ungestüm auf dem Dorfplatz. Ich bin gebannt von diesem roten Wirbel.

Wenn ich auch dieses Bild halten will, geht es doch schon wieder in ein anderes über:

Dort drüben ein ausgehobenes Grab, die Trauergemeinde steht am Rand, der Sarg wird gerade in die Grube gelassen. Die Witwe wirft einen Strauß roter Rosen dem sich langsam senkenden Sarg hinterher. Ein letzter Liebesgruß....

Eine rote Rose mit vielen, vielen Blättern entsteht vor meinem inneren Auge. Ich werde vollständig ruhig und konzentriere mich mit aller Kraft auf diese Rose, die von innen her rot zu leuchten scheint. Es wird mir angenehm warm, und ich fühle mich ganz leicht und heiter.

Da spricht mich die Rose an:

»Ich bin die Königin der Blumen, die vollendete Blume. Schau mich nur recht genau an. Ich bin das Zeichen für die Liebe und die Glut des Begehrens. Tief in Deinem Inneren wachse ich und warte sehnsuchtsvoll darauf, daß Du mich entdeckst und pflegst.«

Ein warmer Schauer durchströmt mich.

»Du findest mich in Deinem roten Herzen.«

Schon sehe ich die rote Rose deutlich in meinem Herzen und rieche ihren schweren Duft. Vergessene Gefühle steigen aus meinem Inneren auf: Bilder der Liebe wechseln sich mit Bildern der Lust ab...

Ich beobachte diese Bilder eine Weile und verabschiede mich dann von der roten Rose.

»Sprich nicht von dem, was Du erlebt hast! Was man in Anwesenheit der Rose erlebt, darüber muß geschwiegen werden.«

Der Jubel des Hochzeitsfestes holt mich aus meinen Bildern heraus, auf dem Dorfplatz wird immer noch getanzt.

Ich sinne noch lange über meine Begegnung mit Rot als Farbe der Liebe nach.

Rot in den verschiedenen Lebensphasen

Rot ist sicherlich die am meisten zum Guten anregende wie zum Bösen herausfordernde Farbe: Es ist die Farbe der Liebenden wie die des Kriegers, es ist die Farbe des reinen, höchsten Gefühls wie die der wilden, gefährlichen Leidenschaft. Der scharfe Paprika ist rot wie die heiße Liebe, und das zarte Morgenrot entspricht den romantischen Gefühlen des Menschen.

Nach C.G. Jungs Typenlehre wird Rot dem Gefühlstypus zugeordnet, es stellt die Farbe der Gefühlsenergien (der affektiven Libido) dar. Schauen wir uns einmal genau an, was Jung wohl damit gemeint hat. Mit Rot fängt alles an. Als Lieblingsfarbe der Kinder drückt es das unreflektierte impulsive Begehren aus, mit dem der kindliche Geist auf die Welt zutritt: »Das will ich haben!« und zwar hier und auf der Stelle. So drückt das Kind noch undifferenziert, aber ganz und gar nicht unwirksam sein Liebesgefühl aus. Es will die nährende, erotische Brust, sonst gibt es Geschrei.

Mit Rot kündigt sich im Zyklus des Menschenlebens die Liebe an oder das, was zur Liebe wachsen möchte. Die ersten neun Monate ist das Kind noch völlig in Liebe der Mutter verbunden – eine abhängige Liebe zwar, aber doch immerhin eine Liebe. Erst ab dem neunten Monat reagiert das Kind auf andere Farben als Rot. Blau ist für gewöhnlich diejenige Farbe, die das Kind als nächste anspricht, wobei Rot fast noch bis zur Pubertät seine Lieblingsfarbe bleiben wird.

Dieses Rot des Anfangs entspricht der leidenschaftlichen Weltbezogenheit, es ist ungestüm wie ein Krieger. Im weiteren Verlauf des Lebens beginnt es sich zu differenzieren, um am Ende zur Todesfarbe zu werden.

Nach dem ungehemmten Anfang der ersten Lebensjahre wird dann Rot als warme Farbe entdeckt, als die Farbe der Nähe und der Verliebtheit. Aufgeregt, mit erwartungsvollem Gefühl, schaut man morgens am 14. Februar vor seine Türe, ob da nicht ein Valentinsherz liegt. »Von wem mag es kommen?« fragt man sich klopfenden Herzens. Und dieses klopfende Herz wird einen jetzt weiter im Leben begleiten: das rote Herz als Symbol der Liebe, das der geheime Freund an Mauern malt, mit durchbohrtem Pfeil und einem roten Blutstropfen, der fast schon die Entjungferung erahnen läßt.

Hier sind wir abermals beim weiblichen Rot angelangt,

von dem die Magie so fasziniert war. Über die »roten Blüten« – wie die Menstruation in Frankreich und Südwestdeutschland genannt wurde – führt der Kulturhistoriker Professor Jacques Glis aus:

»Wenn eine Frau sagt, daß sie ihre Monatsblutung hat, denkt sie vor allem an die Farbe der Ausscheidung, an den 'roten Unterschied'.«[1] Man sagt von einer Frau, die ihre Tage hat, daß sie rot zeichnet oder daß sie eine rote Spur zieht.

Aber Rot war nicht nur das Symbol des Menstruationsblutes, sondern es symbolisierte die Frau selbst. Genau gesagt, verbildlicht Rot den Leib der Frau, der in Liebe Leben hervorbringen kann. Da die Menstruation die Gebärfähigkeit anzeigt, versuchten vom 15. bis ins 18. Jahrhundert hinein heiratswillige Mädchen schon in jungen Jahren ihre Regelblutung mit roten Pflanzen in Gang zu bringen. Der rotstengelige Beifuß, der auch Gebärmutterblutungen beenden kann, war hierzu sehr beliebt. Lebte man in Liebe mit einem Mann zusammen und wurde trotz regelmäßiger Menstruation nicht schwanger, dann half als letztes Mittel, an der Statue einer Heiligen ein weißes Band zu knüpfen. Wollte sie jedoch nicht schwanger werden, knüpfte die junge Frau ein rotes Band, um den Fluß der Menstruation wieder einzuleiten. Hatte eine vornehme Frau ein Kind geboren, empfing sie gleich nach ihrer Niederkunft die Gratulanten im karminroten Nachtrock. Besonders karminroter Satin wurde stolz als Zeichen der Fruchtbarkeit und Liebe getragen.

Rot ist eine häufige Blütenfarbe. Die Pflanze färbt in ihrer Befruchtungssehnsucht die ihre Geschlechtsorgane umgebendenden Blütenblätter auffälligst rot – und wie geht es mir, fragen sich die Verliebten, was ihnen sogleich die Schamröte ins Gesicht treibt. Das ist heute so. Noch in den so viel zitierten wilden Zeiten des alten Roms wurde der rote Priapos besonders in Kleinasien verehrt. Priapos gehört zu der Gruppe phallischer Götterbilder[2], die in der ganzen Welt rot angemalt und so verehrt wurden, um die männliche Fruchtbarkeit und Potenz zu beschützen. Das erinnert auch an die Rotfärbung des gesamten oder zumindest des Unterkörpers bei den Mannbarkeitsriten (zum Beispiel in Australien und Neuguinea).

Priapos war der göttliche Mann mit dem übergroßen roten Genital, das meistens, die gesamte Person dominierend, nach oben stand. Mythologisch steht ihm die oft mit rotem Gesicht dargestellte Baubo – »die mythische Vulva«, wie G. Devereux sie nannte – gegenüber. Sie ist diejenige Frau, die nach klassisch griechischer Überlieferung Demeter in ihrer Trauer über den Verlust der Kore (Persephone) aufmunterte, indem sie dieser ihr Geschlecht zeigte. Diese obzöne Geste galt im klassischen Griechenland als Abwehrzauber gegen den Tod.

Rot wird zur Erfahrung der Frau: Bei der Menstruation verläßt das Blut dunkelrot reinigend den Körper. Was innen war, kehrt sich nach außen und wird sichtbar. Und dann folgt die Entjungferung, die wieder vom roten Blut geprägt ist. Die Frau bleibt dem Rot, dem Gefühl der Liebe verbunden. Ihr wird der spontane Affekt noch zugestanden, jene Kraft des astrologischen Widder-Prinzips, die beim Mann ins Kriegerische geleitet wird – zumindest in den meisten mir bekannten Gesellschaften. Das Weibliche (in Mann und Frau) darf weiterhin von der Liebe träumen, während das Männliche (in Mann und Frau) sich nun dem Kampf zuwenden muß. Daß auch der Mann sich diesem Weiblichen öffnen kann, zeigt uns der mittelalterliche und doch moderne Held Parzival. Parzival heißt »mitten hindurch«, auch durch die Gefühle, und da spielt sogleich die rote Farbe wieder die hervorragende Rolle. Parzival verläßt seine Geliebte, und als er sie nach langer Zeit fast schon vergessen hat, sieht er plötzlich vom Pferd herab drei Blutstropfen im Schnee. Er fällt in eine Vision von seiner Geliebten, aus die er nur schwer herauszuholen ist. Die drei Blutstropfen im Schnee, das Symbol der Liebe und der Entjungferung - ein Bild, welches das Mittelalter, dem Gefühl noch viel näher stehend als unsere heutige rationale Zeit, sehr liebte.

Zu je höheren intellektuellen Leistungen die Natur fähig ist, desto mehr tritt Rot in den Hintergrund. Das scheint auch erstaunlicherweise biologisch vorgegeben zu sein. Der Biologe Adolf Portmann stellte fest, daß Rot zwar bei höheren Pflanzen noch sehr häufig als Blütenfarbe auftritt. Denken wir doch nur an die rote Rose, die das Symbol der Liebe in unserer Gesellschaft darstellt. Aber zu je höheren Leistungen das Nervensystem der Tiere fähig ist, um so weniger finden wir an diesem Tier das reine Rot. Am sparsamsten ist Rot den hochentwickelten Säugetieren zugeteilt.

In der Symbolik des Alten Testaments tritt das Rot um so weniger auf, je mehr von höheren geistigen Bereichen die Rede ist. Rot ist jedoch das am meisten verwendete Farbwort im Alten Testament. Es wird immer dann benutzt, wenn es um heftige Empfindungen geht. Und die Liebe, wie der Haß, ist eine der heftigsten Empfindungen, zu welcher der Mensch fähig ist. In den siebziger Jahren pflegte die damals modische Gestaltpsychologie zu betonen, daß der Haß die Liebe am falschen Platz sei. So ist es verständlich, daß der Haß wie die Liebe beide gleichermaßen mit Rot symbolisiert werden.

Wenn in antiker Farbsymbolik Rot und Schwarz gleichgesetzt werden und auf den Körper verweisen, so deutet doch Rot auch auf diejenige Liebe zwischen den Menschen hin, die nicht nur ungestüm, wild und von sexueller Leidenschaft geprägt ist. Davon zeugen die vielen Hochzeitsbräuche, in denen Rot eine hervorragende Rolle spielt.

Rot ist als Farbe des Hochzeitsbrauchs deswegen derart prädestiniert, da sie als Symbolfarbe der Liebe fröhlich, belebend, anziehend und gefällig wirkt. Rot ist eine Farbe der Harmonie (wie wir im nächsten Kapitel über Rot als Farbe der Schönheit noch genauer sehen werden) und eine Farbe, die das verbindet, was zusammengehört (wie wir im Kapitel über Rot als Farbe der Magie sahen). Alle diese Eigenschaften von Rot sollen ja bei einer glücklichen Hochzeit beschworen werden. So ist es für uns heute zwar befremdlich, aber doch verständlich, wenn man in reichen Schichten als rotgekleidete Jungfrau heiratete. Die Braut konnte damit zugleich auf ihre Körperlichkeit wie auch auf ihren Reichtum verweisen.

In vielen deutschen Gegenden galt die Farbe Rot als Zeichen für Jungfräulichkeit, auch wenn wir heute – wie im indischen Tantrismus – Rot mit der sexuellen Liebe und dem körperlichen Genuß verbinden. Verheiratete Männer durften jedoch kein rotes Band um den Hut tragen. Hier sollte Rot auf das Fehlen sexueller Erfahrung verweisen. Im Gegensatz dazu steht der grausame Brauch, daß Mädchen mit unehelichen Kindern mit einem roten Kopftuch draußen vor der Kirche warten mußten.

Die Farbe Rot hing also seit alten Zeiten mit Liebe und Sexualität zusammen. Allerdings konnte sich der Volksglauben nie so recht entscheiden, ob diese Farbe nun auf die Sexualität und Liebe verwies oder ob sie gerade das Fehlen der genitalen Sexualität anzeigte. Wie dem auch sei, auf jeden Fall galt Rot als die schönste Farbe, und die Braut als Trägerin des roten Kleides hoffte, so noch schöner und sicherlich auch begehrenswerter zu wirken. Die Begehrlichkeit, die von Rot ausgelöst werden sollte, finden wir noch in den arabischen Sprachen deutlich erhalten, wenn das Wort »Rot« *(adam)* und der Begriff »jemandem gefallen« *(adama)* die gleiche Wurzel aufweisen. Im roten Kleid möchte die jungfräuliche Braut dem Bräutigam gefallen.

Bei den Römern wurde die Braut mit dem sogenannten »flammeum«, einem roten Tuch verhüllt, und in fast allen südosteuropäischen Ländern pflegt die Braut einen roten Hochzeitsschleier zu tragen. Sehr verbreitet war in deutschen Gebieten der Brauch, daß die Braut ein rotes Band oder einen roten Gürtel trug. Bei den Esten wurde dieser Brauch dahin ausgeweitet, daß die Braut bei der Hochzeit einen roten Seidenfaden um ihren Leib trug. Nach der Trauung mußte sie den Seidenfaden durch ein Herausdrücken ihres Bauches zerreißen. Gelang ihr dies, nahm man an, daß sie leichte Entbindungen haben würde.

Aber das Rot des Hochzeitsbrauchs ist nicht nur an die Frau gebunden, auch der Mann braucht seine roten Attribute, wenn er seine Liebe bekunden möchte. So freit er mit einem roten Band um den Hut oder bringt seiner Zukünftigen rote Strümpfe mit. In Mähren liebt es der Bräutigam eindeutiger drastisch, indem er – geradezu an den Priapos erinnernd – einen roten Pfahl vor dem Haus seiner Braut aufpflanzt.

Auf Java färben sich die Liebenden ihre Fußnägel rot, und der Bräutigam reibt dazu vor der offiziellen Heirat seine Fußsohlen mit roter Farbe ein.

Aber es muß ja nicht immer gleich um die Hochzeit gehen, wenn man an die Liebe denkt. Rot ist die Farbe des Liebesbegehrens – ob nun bei der Jungfrau, der verheirateten Frau oder dem Mann. Rot zaubert die Liebe herbei, wie es diese auch ausdrückt. Das hat »Schotts Meßbuch der Kirche« deutlich erkannt, wenn es konstatiert, daß Rot in der katholischen Kirche die heilige Liebesglut verdeutlicht. Deswegen war Rot zu fast allen Zeiten eine beliebte Kleiderfarbe der jungen Leute. Besonders Mädchen liebten den roten Rock und junge Männer ihren roten Wams, was sich noch bis heute in vielen Volkstrachten erhalten hat.

Rot ist die Farbe der Liebe, die die Gegensätze männlich und weiblich zusammenbringt. Dies ist eine überkulturelle Bedeutung der Farbe Rot, die man selbst bei den australischen Ureinwohnern findet. So sind viele Fruchtbarkeits-

und Liebesgötter von der roten Farbe geprägt, wie z.B. in der indischen Mythologie Rudra, der rote Fruchtbarkeits- und Kriegsgott. Verweilen wir noch etwas in Indien, finden wir dort Agni, den roten Gott, der als männliches Feuer das weibliche Wasser schwängert. Er wurde aus der Sonne oder dem Blitz geboren.

Auch die Buddhisten haben ihre rote Göttin der Liebesglut, Pandara genannt, die wie der tibetische Gott Thab-lha für eine reiche Nachkommenschaft (und ursprünglich für die männliche und weibliche Potenz) zuständig ist. In Afrika[3] und selbst in der Mythologie der Maya[4] schützt der rote Gott die Fruchtbarkeit in der Ehe.

Die rote Rose

Die vielbesungene rote Rose spielt in der Symbolik des Westens die gleiche Rolle wie der meist weiße Lotus des Ostens. Wie wir den Tausendblättrigen Lotus als Symbol der höchsten Bewußtseinsebene kennen, so symbolisiert die ebenfalls tausendblättrige rote Rose unser höchstes und klarstes Bewußtsein. Diese tausendblättrige Ur-Rose stellt man sich rot vor, da sie ein Bild der Vollendung ist. »Rot« wie »Rose« weisen nach Alfons Rosenberg[5] auf »rota«, das Runde. Hier ist die Kreisform angesprochen, die ein Zeichen Gottes oder höchster Vollendung darstellt. Die rote Rose verbindet Duft, Farbe und Gestalt in harmonischer Form und bietet sich deswegen als das klassische Liebessymbol an.

Als kleine Übung möchte ich Ihnen die Visualisierung einer perfekten roten Rose vorschlagen. Aber diesmal visualisieren Sie die rote Rose nicht nur, sondern Sie öffnen sich ihr auch zusätzlich mit dem Bewußtsein Ihrer Sinne: Sie nehmen den Duft dieser roten Rose immer deutlicher wahr. Ziehen Sie den Duftstrom Ihrer roten Rose vorstellungsweise durch Ihr Drittes Auge ein. Das ist eine Übung, die bei den Sufis für die Öffnung zu höheren Bewußtseinsstufen benutzt wird.

Diese Übung fällt Ihnen sicherlich leichter, wenn Sie sich zunächst einmal eine schöne rote Rose kaufen. Halten Sie die rote Rose an Ihre Stirn, dort zwischen Ihre Augenbrauen ans Dritte Auge, nachdem Sie an ihr gerochen haben. Mit Ihrem Dritten Auge können Sie sich diesem Duftstrom zu öffnen versuchen, indem Sie mit jedem Lufthauch an der Stirn die Vorstellung verbinden, daß Ihr Drittes Auge eine durchlässige Stelle sei, durch die der Duft der roten Rose Sie öffnet und in Sie einströmt.

Die Griechen leiten das altgriechische Wort »rodor« für Rose von dem Wort für »fließend« ab, womit sie wohl auf diesen Duftstrom aufmerksam machen wollten. Aber mit diesem betörenden Strom verströmt die Rose ihr Leben und verwelkt erschreckend schnell, was schon Plinius in seiner Naturgeschichte äußerst bedauerte. Die prächtig blühende und duftende rote Rose verwelkt so schnell, daß sie nicht nur als Symbol der Liebe, sondern auch des Todes gilt. Schon in Rom wurden jährlich die »Rosalia«, das Fest der Rosen und Toten gefeiert, bei dem man die Gräber der Toten mit Rosen umkränzte.

Die Liebe und das Leben – wie schnell geht beides dahin...

Die rote Rose gilt, wie der weiße Lotus, als die vollkommenste Blume. So bemächtigte sich die christliche Kirche dieses Symbols, indem sie auf den Propheten Sirach zurückgriff, bei dem sie das Bild der ewigen Weisheit ist. Dadurch wurde dann die Rose schnell zum Christus-Symbol, wie man es in dem Weihnachtslied »Es ist ein Ros' entsprungen« noch findet.

Maria wird ebenfalls als Rose – allerdings meist als weiße Rose – im Rosenhag dargestellt. Sie gilt als die Rose ohne Dornen, denn in christlicher Symbolik bezeichnen die Dornen der Rose unsere Sünden, von denen Maria selbstredend frei ist.

Die Rose hat etwas Mystisches und nicht nur Bhagwan kennt die Meditation der mystischen Rose »rosa mystica«. Den Rosenkranz zu beten, kann auch eine solche Meditation sein.

Die mystische Rose

Nach der Auffassung vieler esoterischer Christen ist das Rosenkreuz das Sinnbild der mystischen Rose. Das Rosenkreuz stellt das Symbol der Rosenkreuzer dar. Es besteht aus einem Kreuz, in das eine oder mehrere Rosen integriert sind. Dabei symbolisiert das Kreuz die materielle Welt, die Rose dagegen die spirituelle Welt, die oft mit dem göttlichen Leben Christi gleichgesetzt wird.

Rudolf Steiner benutzte das Rosenkreuz als Meditationssymbol. Er stellte sich ein schwarzes Kreuz mit sieben rot strahlenden Rosen vor, die im Kreis angeordnet ein Sinnbild des Blutes sind. Der rote Rosensaft und die rote Farbe der Blütenblätter soll als ein Ausdruck der geläuterten Leidenschaften und Triebe gelten. Die Meditation auf das Rosenkreuz zeigt letztendlich, daß die Welt für die Liebe geschaffen worden ist. Nach dem deutschen Rosenkreuzer Franz Hartmann stellt die rote Rose im Rosenkreuz die Selbsterkenntnis und die geistige Wiedergeburt dar.

Die mystische rote Rose – ob als Teil des Rosenkreuzes oder nicht – entsprang nach christlicher Auffassung den Blutstropfen Christi, als dieser auf Golgatha gekreuzigt wurde. Sie symbolisiert das Mitgefühl und den Schmerz. Gleichzeitig ist sie jedoch ein Bild der himmlischen Vollkommenheit und des Mysteriums des Lebens. Dabei stellen die Dornen den Schmerz dar, die Blütenblätter stehen für die Vollkommenheit und der Duft für das göttliche Licht des Universums. Die mystische rote Rose ohne Dornen ist Maria, wobei die roten Blütenblätter ihre Jungfräulichkeit anzeigen sollen. Im esoterischen Christentum praktiziert man die Meditation auf die rote mystische Rose, um sein Herz-Zentrum (Anahata-Chakra) der reinen Liebe zu öffnen.

Die rote Rose als Symbol der Liebe klärt den Geist und stärkt ihn, denn ohne Liebe ist alle geistige Anstrengung unnütz. Die Liebe bringt die Einsicht durch das Mitempfinden und das Heraustreten aus seiner eigenen Welt und die Ausrichtung auf die Welt des anderen.

Die Rose als Bild des klaren Geistes kannten auch die Alchemisten, denen sie mit ihren Erlösungsvorstellungen verbunden war. Daß der Weg zur Erlösung nur über die Liebe geht, ist wohl die wichtigste Lehre der roten Rose, die ursprünglich der griechischen Liebesgöttin Aphrodite geweiht war, deren Geliebter Adonis in dem rosa Adonisröschen weiterlebt. Daß diese Liebe aber auch von Fleisch und Blut ist, garantiert Dionysos, der ebenfalls die rote Rose als seine Blume beansprucht.

Der Rosengarten wurde als ein Abbild des Paradieses auf Erden angesehen, als ein Ort mystischer Veränderung. Das ist der Ort der verklärenden Liebe und der Wunder. Der Rosenwunder gibt es viele: Es wird immer wieder von Rosenstöcken berichtet, die nie verblühen, und von Rosenzweigen in der Vase, die wieder und wieder rot oder seltener weiß erblühen. Die Speisen für die Armen verwandelten sich in dem Korb von Roswitha von Gandersheim und der heiligen Elisabeth in rote Rosen.

Die rote Gartenrose stammt ursprünglich aus dem Orient und kam erst mit den Kreuzfahrern nach Deutschland. Und so trägt noch heute die rote Rose jenen Hauch der rauschhaften Liebe des Orients an sich. Auf sie werden die Sehnsüchte der Liebesnächte aus Tausendundeiner-Nacht projiziert, die nicht enden wollende Sinnlichkeit und jener Liebesrausch, der als Grenze nur den Tod kennt.

Liebe und Tod erinnern mich an das von Schubert vertonte Gedicht Goethes »Sah ein Knab ein Röslein stehn...«. Der Knabe bricht das Röslein und das Röslein sticht den Knaben, da fließt rotes Blut. Das Röslein stirbt, der gestochene Knabe blutet, welch eigenartige Verkehrung der üblichen Liebesmetaphorik! Ich denke mir immer, daß sich doch wie beim Dornröschen eigentlich das Mädchen durch den Stich verletzen müsse – aber vielleicht ist in diesem Volkslied gar nicht die Entjungferungs-Metaphorik, die so oft an das Bild der roten Rose gebunden ist, gemeint?

Eine ganz andere Bedeutung der roten Rose finden wir in England. Im sogenannten Rosenkrieg, der von 1455–1485 ausgefochten wurde, kämpfte die Rote Rose, das Haus Lancaster, gegen die Weiße Rose, das Haus York. In diesem blutigen Bürgerkrieg, der in den Königsdramen von Shakespeare dargestellt wird, wählten die Anhänger Lancasters die rote Rose als Symbol der höchsten Vollendung – die rote Rose als Symbol des Blutvergießens wäre der Realität jedoch näher gekommen. York griff zur weißen Rose als Symbol der Reinheit – wovon in dem Rosenkrieg ebenfalls keine Rede sein konnte.

Für den an der Magie Interessierten sei noch auf das Pentagramm der Rose aufmerksam gemacht: Wenn man die Mitte eines jeden Kelchblattes einer Rose mit der des übernächsten Blattes verbindet, ergibt sich das Pentagramm. Es ist auch als der Drudenfuß bekannt, eine alte Bann- und Zauberfigur, mit der schon Faust Mephisto zwingen wollte.

Die langlebige fünfblättrige Heckenrose mit eingezeichnetem Pentagramm galt bei den Griechen als ein Abbild des Kreislaufs des Kosmos, der nach Aristoteles von den fünf Elementen (Feuer, Wasser, Erde, Luft und Äther) bestimmt ist.

Unter der roten Laterne von St. Pauli

Rot gilt als die anziehend aufregende Farbe der Schamlosigkeit und der Ungehemmtheit aller Begierden. Wenn man sich in Italien rote Unterwäsche zu Neujahr schenkt, so bringt das Glück, und wilde Liebesnächte stehen bevor. Wer sich körperlich attraktiv findet, schenkt sich noch heute in Italien zu Neujahr mit Kärtchen oder anonym knallrote Unterwäsche, für die wir den treffenden Ausdruck »Reizwäsche« besitzen. Ich meine hier jenes rote Etwas, das weniger zum Verhüllen als zum Magnet des Blicks gedacht ist.

Rot gilt – zumindest in unserer Kultur – als geil. Aber auch im Osten, in der tantrischen Ikonographie, wird Rot so gesehen: In den Bildern wildester Positionen der heißen Umarmungen werden die Schamlippen der Damen leuchtend rot gemalt. Es soll hier nicht nur der Blick auf jenes schöne Organ der Lust gelenkt, sondern auch darauf hingewiesen werden, daß die sexuelle Vereinigung ihren Höhepunkt dann findet, wenn die Frau menstruiert und das rote Blut und der weiße Samen sich mischen. Ursprünglich war dies sicherlich als Maßnahme zur Geburtenkontrolle nötig.

Aber nicht nur in der entgrenzten und deswegen heiligen Sexualität Asiens werden die Schamlippen der Liebesgespielin rot gefärbt, sondern auch in der europäischen Pornographie. In dem berühmten Roman von Pauline Reage »Die Geschichte der O«[6] läßt der Kenner der sexuellen Rituale, Sir Stephen, die Schamlippen und die Brustwarzen der O mit einem dunkelroten Rouge schminken – ein Topos, der in der sadistisch-masochistischen Pornographie häufig auftritt.

Die Rötung des Geschlechts, die uns schon bei Priapos und seiner weiblichen Parallele Baubo begegnete, verweist uns auf das Angeschwollene, das sich immer als Geilheit und Offenheit zu erkennen gibt. Rot sagt also im Liebesakt ganz und gar nicht »Stop!«, sondern signalisiert, daß man zur körperlichen Vereinigung bereit ist. Sigmund Freud deutete ja selbst das Erröten als eine sexuelle Erregung, die es auch sicherlich darstellt. Man muß beim roten Kopf nur sehen, daß die sexuelle Energie in eine andere Richtung geleitet worden ist.

Solche an wesentliche physiologische Erfahrungen des menschlichen Körpers gebundene Farbsymbolik ist immer sehr alt und quasi unsterblich. Die symbolische Verbindung zwischen Rot und körperlicher Liebe wird sich wahrscheinlich nie ändern, einzig vielleicht deren positive Bewertung, gegen die sich letzlich das Christentum schon vergeblich wandte.

Seit der Antike gilt Rot als die Farbe des Körpers und als die Kennfarbe der Prostituierten, da Rot uns ja auch wirklich nicht nur geil macht, sondern auch körperlich lebendig werden läßt! Noch heute spricht man vom »red light district«, wo wirklich rotes Licht die Bereitschaft zu allen möglichen Liebesdiensten anzeigt. Die Farbe der Dirnen ist deswegen seit der Antike rot, da die Dirne mit dem unteren Teil ihres Körpers dient, also einen Unterweltcharakter aufweist. Mythologisch wurde die Dirne oft mit dem roten Typhon (Typhoeus), dem Sprößling der Unterwelt, in Zusammenhang gebracht, da auch sie die Schlange (als Penissymbol) liebt und wie ein Wirbelwind wirkt.

Hier sind noch unbedingt die beliebten roten Hurenstiefelchen zu erwähnen, die Bertolt Brecht in seinem wohl meistgespielten Stück »Mutter Courage und ihre Kinder« so berühmt machte. Sie ziehen heute noch die Männlichkeit und die Weiblichkeit gleichermaßen an, wie sie schon Kattrin in Brechts Stück im Dreißigjährigen Krieg anzogen. Diese rote Stiefelchen sind die Magneten der unterdrückten Männerwünsche und unausgelebter Frauenfantasien.

Wenn wir jetzt zu sehr der Sinnlichkeit verfallen sind, dann reinigt uns zum Glück die rote tibetische Initiationsgöttin Kurukulla von allen Leidenschaften. Kurukulla kann durch ihre rote Farbe nach buddhistischem Volksglauben Männer und Frauen völlig verzaubern, und sie wird oft von unglücklich Liebenden angerufen, um den begehrten Partner zur Hingabe zu bringen. Sie wird – wie der römische Liebesgott Amor – mit einem Pfeil abgebildet, den auch sie in die Herzen der Liebenden schießt, wobei sie auf einem leuchtendroten Lotus sitzt. Im Vordergrund steht jedoch ihre Fähigkeit, uns von allen Leidenschaften zu reinigen. Diese Reinigung oder Läuterung führt sie gemäß analog-magischem Denken mit der roten Farbe aus.

Unter jüdisch-christlichem Einfluß wurde Rot zur Farbe der Sünde und zwar speziell der sexuellen Sünde. Der jüdische Prophet Jesaja spricht von der »blutroten Sünde«[7]. Von der roten Hure Babylon, der Mutter aller Buhlerinnen, war schon zuvor die Rede. Auch bei dem niederländischen Maler Pieter Breughel dem Älteren bezeichnet Rot meist die Sünde und besonders die Schamlosigkeit, vor der man errötet.

Der Theologe Adolf Holl schreibt in seinem Buch *Gewalt und Geschlecht in der Religion* über die Frau: »Der lange Prozeß der Zivilisation hat überall die Frauengestalt in eine weiße und in eine rote gespalten, eine helle und eine dunkle, eine erlaubte und eine verbotene.«[8] Daß dabei die rote Frau immer die verbotene Frau darstellt, weil sie die interessante, die inspirierende und die körperliche Frau ist, die das Männliche ergänzt und zum Leben verhilft, liegt auf der Hand. Verbote sind immer rot und regen so zur Übertretung an.

Die roten Hexen

Der Hexenwahn ist geradezu von der roten Farbe besessen. Das ist auch verständlich, da es sich psychologisch hierbei um die Angst vor dem verführerischen Weiblichen handelt. Das männlich erstarrte Bewußtsein fürchtet nichts so sehr, als dem kreativen wie belebenden Chaos des Weiblichen zu verfallen. Nichts wünscht sich das Männliche sehnsüchtiger und nichts befürchtet es zugleich um so mehr. Das ist dieses berühmt-berüchtigte »Halb zog sie ihn, halb sank er hin . . .«, was die gesamte Hexenverfolgung kennzeichnete, die als sexueller Kampf der Geschlechter angesehen werden kann.

Hexen haben natürlich rote Haare, tragen rote Strümpfe – wie übrigens noch heute in den meisten Kinderbuch-Illustrationen – , schlimmere Hexen tragen gar ein leuchtendrotes Kopftuch und schauen stechend aus rotumränderten Augen verzaubernd auf Vieh und Mann.

Auch einen Hexenmeister kann man an seiner Vorliebe für Rot erkennen: Natürlich trägt er einen roten Bart und hat rotes Haupthaar. Gehört er der besonders bösen Art an, dann trägt er einen roten Hut und einen roten Gürtel um seinen meist grauen oder schwarzen Mantel.

Hexen und Hexenmeister besitzen allerdings zugleich auch ganz spezielle Aversionen gegen Rot: Sie können zum Beispiel keinen roten Koriander essen und winden sich, wenn sie etwas Knallrotes anschauen müssen. Ob die sich auch wanden, wenn eine Hexe rothaarig, mit roten Strümpfen und rotem Kopftuch einherkam?

Rot im Alter

Rot ist die Farbe der untergehenden Sonne. Wie der Tag mit dem Abendrot erstirbt, so hat auch der Mensch in seinem beständigen Streben nach Liebe endlich am Lebensabend seine Vollendung gefunden. Wenn die körperliche Liebe einen nicht mehr derart bedrängt, dann bricht sich das Rot, indem es sich mit dem Weiß vereinigt, und wird zum Rosa. Die Liebe bekommt den geistigen Unterton, und so verwundert es kaum, wenn alte Damen Rosa zu ihrer Lieblingsfarbe erküren. Die rote Spur der Frau hat sich geistig differenziert und einen neuen Ausdrucks- und Symbolwert gefunden. Dieses Rosa öffnet das Herz für alle lebenden Wesen, es ist die Symbolfarbe des Mitgefühls.

Als die Mutter der englischen Königin gefragt wurde, warum sie Rosa so sehr liebe[9], meinte sie, daß es der Liebe des Alters entspreche, wenn die Körperlichkeit zurücktrete und man eine Ahnung von der reinen Liebe bekomme. Die mit der englischen Königsfamilie verwandte neunzigjährige Barbara Cartland, eine Bestseller-Autorin, die 540 Romane veröffentlichte und weltweit etwa 500 Millionen Leser gefunden hat, liebt die rosa Farbe über alles. Sie besuchte 1923 das gerade geöffnete Grab des Tut Ench Amun, und dabei gefielen ihr die rosa und türkisen Wandmalereien derart gut, daß sie sich entschloß, nie mehr eine andere Farbe als Rosa und Türkis zu tragen. Im Alter sieht man sie fast nur noch in einem Rosa auftreten, das zu dem süßlichen Stil ihrer Bücher bestens paßt.

Rot und Tod

Bei einem Todesfall drückt sich die Liebe der trauernden Hinterbliebenen in roten Grabbeilagen aus. So ist es bei den Irokesen, einem Indianerstamm Nordamerikas, Brauch, roten Ocker mit ins Grab zu geben. Bei den Indern liebte man den roten Sarg und das rote Leichentuch, wie auch bis ins 15. Jahrhundert hinein in Florenz. Das rote Leichentuch und rote Kerzen waren bei Begräbnissen das ganze Mittelalter hindurch üblich. Am längsten hat sich dieser Brauch im Fricktal in der Schweiz erhalten, wo noch 1867 die Frauen in ihren roten Röcken begraben wurden. Noch heute sollten – der alten Volkstradition entsprechend – die Kerzen, die bei der Totenmesse gebrannt werden, rot sein.

Mit Rot beginnt die Liebe, und mit Rot nimmt man von seinen Liebsten Abschied – überall und immer, wenn es um die Liebe geht, ist auch die Farbe Rot zugegen: sei es die körperliche Liebe oder die vergeistigte, die der Kinder oder die der erwachsenen Männer und Frauen, die Liebe der Ehe oder die käufliche Liebe. Rot ist die Farbe jedes Liebesausdrucks, eine Farbe, die die Gegensätze vereinigt, ohne zu werten. Wenn Gelb die Weiblichkeit (Anima) in uns fördert, so fördert Rot oft unseren männlichen Ausdruck (Animus) und versöhnt ihn mit unserer Weiblichkeit. Wo Männliches und Weibliches sich treffen, da ist Rot. So eindeutig und knapp formulierten schon die frühmittelalterlichen Alchemisten ihre unbewußten Einsichten in die Farbpsychologie.

Anmerkungen

1 Glis, Jacques: *Die Geburt. Volksglauben, Rituale und Praktiken von 1500 – 1900.* (Diederichs) München 1989, S. 33
2 Zu diesen phallischen Götterbildern gehören unter anderem die Pandus der Hindus und jene phallischen Götter, die im Kongogebiet verehrt und angebetet wurden, um die Felder und Fluren zu schützen.
3 Vgl. Xevioao in der Mythologie West-Afrikas: Fruchtbarkeitsgott, dessen Priester rote Kleider tragen.
4 Vgl. Chac: ein roter Fruchtbarkeits- und Regengott der Maya.
5 Vgl. Rosenberg, Alfons: *Einführung in das Symbolverständnis. Ursymbole und ihre Wandlungen.* (Herder) Freiburg [2]21985, S. 114
6 Reage, Pauline: *Story of O.* (Olympia Press) London o. J. (ungekürzte Ausgabe)
7 Jes. 1, 18
8 Aus: Holl, Adolf: *Im Keller des Heiligtums – Geschlecht und Gewalt in der Religion.* (Kreuz Vlg.) Stuttgart 1991
9 Die Mutter der englischen Königin liebt es nicht nur, fast ausnahmlos Rosa zu tragen, sie lebt dazu noch in weitgehend rosa Räumen.

Rot als Farbe des Schönen

Traumreise

Vorbereitung:

Für diese letzte Traumreise können Sie in einer Duftlampe Zedernöl oder das (ätherische) Öl der Gewürznelke verdampfen. Von der Gewürznelke genügen 3 – 5 Tropfen in Wasser aufgelöst, von dem Zedernöl sollten etwa 5 – 10 Tropfen in Wasser gegeben werden. Nehmen Sie den Geruch des ätherischen Öls fein und deutlich in der Luft des Zimmers wahr, schließen Sie Ihre Augen, und lassen Sie alle Gedanken, Bilder und Vorstellungen beobachtend vorbeiziehen, ohne sie festzuhalten. Wenn Sie sich so ein paar Minuten entspannt haben, dann beginnen Sie langsam mit der Traumreise.

Ich sitze auf einem Berg... Die Sonne geht langsam unter... Zuerst wird sie fast unmerklich hellorange und färbt sich dann immer schneller und schneller rot.

Ein besonders klares rötliches Licht bescheint das Tal, auf das ich hinunterblicke. Ich fühle mich angenehm entspannt und heiter...

»Rot: das Symbol des ersten Lichtes am Morgen und des letzten am Abend...« geht es durch meinen Kopf, und da sehe ich mich plötzlich als Kind. Der Weihnachtsmann kommt, es ist ganz dunkel und dann werden die roten Kerzen am Christbaum angezündet. Ich sehe mich dort mit roten Bäckchen aufgeregt vor dem Baum stehen. Solch ein Glitzern, dieses Strahlen...

Als ich mich von diesen Bildern trenne, berührt die tiefstehende Sonne gerade den runden Berg im Westen. Der

Himmel leuchtet hellrot, oder ist es ein zartes Rosa? Ich schaue genau auf die feuerrote Sonne. Dies ist der einzige Moment, an dem man die Sonne direkt anschauen kann – wenn sie so rot unter- oder aufgeht.

Da sehe ich gerade ein abgeerntetes Feld vor mir. Die Landarbeiter flämmen das Stoppelfeld: Schwarzer Rauch steigt in den strahlendblauen Himmel auf, und ich sehe durch diesen Rauch die Sonne knallrot am Himmel. Ja, das war die gleiche Farbe der Sonne, die ich auch hier über dem Berg drüben sehe.

Jetzt ist die Sonne schon halb vom Berg verdeckt. Die Intensität ihres roten Lichtes scheint ganz konzentriert in die Welt zu strahlen. Ich werde ruhig und atme dieses rote klare Licht tief in mich ein. Ausatmend gebe ich dieses Licht der Welt zurück. Wie ich vom Rhythmus meines Atems fortgetragen werde, verschwindet die Sonne schnell hinter dem Berg.

Ich schließe meine Augen: Aus dem Schwarz tritt Rot hervor und wie gebannt schaue ich mir dieses, sich ausweitende Rot an. Das ist genau mein Lieblingsrot! Das Rot, welches Schönheit und Harmonie ausdrückt ... die ideale bunte Farbe ...

Und wie kräftig dieses schöne Rot ist: Selbst wenn sich Gelb darüber legt, setzt es sich noch lange durch, und auch das kalte Blau kann ein Rot nicht so leicht bedrängen. Mit Weiß verbunden wird es Rosa, und mit Schwarz mischt es sich zu dem dunklen Rot des Weins. Von Rotviolett bis hin zu Rotorange kann sich diese schöne Farbe ausdehnen und immer noch Rot bleiben... Das leuchtende Rot der Sonne, die uns ein harmonisierendes lebensspendendes Licht schenkt...

Auf einmal wird dieses Rot zur Farbe des Kleides der Frau neben mir. Sie ist jung und wird vor meinen Augen älter und älter... Das Rot ihres Kleides wird dunkler und dunkler – aber es drückt noch immer Schönheit und Harmonie aus.

Und jetzt, ganz unerwartet, schlägt es in ein Rosa um, und die Frau ist zum alten Mütterchen geworden, im zartrosa Kleid und mit roten Wangen wie aus dem Bilderbuch.

Und das Rosa dieses Kleides breitet sich fließend vor meinem inneren Auge aus, alle Formen lösen sich auf und da ist nur noch Rosa ... Langsam lasse ich dieses Rosa wieder zu einem ungebrochenen Rot werden, meinem Lieblingsrot.

Ich atme tief und regelmäßig und halte den Eindruck meines Lieblingsrots fünf Atemzüge lang so deutlich wie möglich. Danach verabschiede ich mich von meinem Rot, um noch etwas in mich hineinzuhorchen. Ich öffne meine Augen wieder, wenn ich mich dazu bereit empfinde.

Maler lieben Rot...

Von dem holländischen Maler Piet Mondrian (1872 – 1944) erzählt der Bildhauer Alexander Calder die Anekdote, daß er sein Grammophon, damit es besser vom Stil her in sein Atelier paßte, knallrot übermalte. So fand er es schön und konnte mit ihm leben. Später tauchte eine ähnliche Liebe für Rot bei den amerikanischen Malern Gilbert und George auf, die am Anfang ihrer steilen Karriere fast nur Rottöne benutzten, weil sie Rot so schön und oberflächlich fanden, wie sie im privaten Kreis oft betonten.

Ich möchte Sie jetzt einladen, sich mit mir in den Fluß der Assoziationen zum schönen Rot zu stürzen. Ich denke da an Edvard Munchs knallrotes Mädchen vor dem dunklen Wasser auf der Brücke[1]: Lassen Sie sich von dem Sog des Roten erfassen und fortreißen, folgen Sie ihm auf unkonventionellen Abwegen!

In diesem Kapitel werde ich Ihnen das schöne Rot vorstellen – ein Rot, das sich zur Lieblingsfarbe eignet. Für mich ist dies das warme Ziegelrot der Malerei des 16. Jahrhunderts, das dort zumeist im Bildvordergrund auftritt, da solch ein Rot einfach nach vorne gehört.

Welches Rot finden Sie am schönsten? Was ist Ihr Lieblingsrot?

Wählen Sie ganz frei und seien Sie sich bewußt, daß die Farbe eine Sache des Geschmacks ist, und über den läßt sich nicht streiten. Die Impressionisten konnten Rot zum Beispiel gar nicht leiden, wohingegen die Maler bis ins 17. Jahrhundert hinein das Rot nicht nur in sinnlichen Szenen sehr liebten.[2]

In diesem Jahrhundert waren die sechziger und siebziger Jahre nach den eher grauen fünfzigern von der Buntheit geprägt: Rottöne waren bei den Kleidern der Blumenkinder beliebt, die im Grunde eine modische Avantgarde darstellten. Diese Entwicklung von Schwarz-Weiß oder Grau zu Bunt ist schön auf den Plattencovern der Beatles zu sehen, die Anfang der sechziger Jahre bei »A Hard Day's Night« noch schwarz-weiß gehalten waren, um dann besonders mit »Sergeant Pepper« ganz bunt zu werden. Die achtziger Jahre pflegten sich mit aufkommender Single-Ideologie wieder eher kühl und puritanisch zu geben (man hatte ja seine Aids-Angst zur Rationalisierung allzeit bereit), und damit fiel das Rot als Farbe mehr oder weniger in Ungnade. In den neunziger Jahren scheint sich die Welt wieder mehr der fröhlichen Buntheit zu besinnen, wodurch auch Rot wieder in Mode kommen wird.

Rot beeindruckt uns durch seine Schönheit – oder sollten Sie kein Lieblingsrot gefunden haben? Immerhin leitet sich das russische Wort für Rot »krassnyj« von dem altslawischen Wort für schön »krasa« ab. Das Schöne ist das Rote... Jedes Kind bezeichnet Rot als schön, um als Erwachsener rote Rosen und roten Wein zu lieben. Sanguiniker – nach Hippokrates derjenige, der leichtes Blut besitzt und so leicht ansprechbar ist – und Choleriker – der aufbrausende Charakter des heißen Blutes – haben einen ausgesprochenen Hang zu allem Roten, wohingegen der Depressive, der nun gerade das Rot als Nervennahrung bitter nötig hätte, diese Farbe oft vehement ablehnt.

Fast alle Menschen sind sich jedoch darüber einig, daß es schön ist, rote Wangen, volle rote Lippen und einen leichten rosa Schein in der Hautfarbe zu haben. Dieses alte Schönheitsideal geht davon aus, daß die rötliche Farbe der menschlichen Haut Gesundheit und Lebensfreude signalisiert.

Im Altertum wie noch in der Neuzeit war es vielfach Sitte, daß sich Mädchen und Frauen ihren Körper und ihr Gesicht aus ästhetischen Gründen rot schminkten. Besondere Verbreitung findet diese Sitte noch im Sudan und bei den Hottentotten. Bei den Ba-Mbala, einem Stamm in Südafrika, schminken sich besonders Mädchen und junge Frauen mehrmals täglich ihr Gesicht derart rot, daß man sie das »rote schöne Volk« nennt.

Der Begründer der Anthroposophie, Rudolf Steiner, stellte fest, daß der rötliche Schimmer der Haut Lebenszugewandtheit signalisiert, während der grünliche Schimmer der Haut den Menschen ein kränkliches Aussehen verleiht. Diese Menschen seien meist schwach, anfällig und neigen auch oft zu depressiven Verstimmungen. Zum Optimisten gehört einfach die rote Hautfarbe. Ich erinnere nur an die roten Bäckchen der Kinder, wenn diese sich intensiv freuen. Um als Erwachsener auf die Reize seines schönen Körpers zu verweisen, verhüllt man diese in rote Dessous. Will man ausgehen und sich einen schönen Abend machen, sagt man in England umgangssprachlich »I'll paint the town red« (ich male die Stadt rot an).

Ich möchte Sie jetzt zu einer sehr subtilen Wahrnehmungsübung herausfordern, die allerdings viel Zeit und Geduld erfordert. Sie wird Ihnen in verblüffender Weise zeigen, daß man die Schönheit von Rot auch mit geschlossenen Augen erspüren kann.

Eine englische Malerin, die durch einen Unfall erblindete, erzählte mir, daß sie versuchte, trotz ihrer Blindheit Farben zu erspüren. Die erste Farbe, mit der ihr dieses gelang, war Rot. Sie berichtete mir, daß man Rot beim Berühren daran erkennt, daß es im Gegensatz zu anderen Farben leicht klebrig wirkt. Es ist dabei völlig unerheblich, welches Farbpigment oder Malmittel man benutzt.

Ich habe das monatelang nachzuvollziehen versucht und war am Ende auch in der Lage, mit geschlossenen Augen Rot zu erspüren. Falls Sie Ihren Tastsinn so sehr sensiblisieren möchten, daß Sie Farben mit Ihren Fingern erspüren können, kann ich Ihnen raten, mit Rot zu beginnen (mit anderen Farben finde ich es ungleich schwieriger). Malen Sie verschiedene Blätter mit unterschiedlichen Farbmitteln rot an und erspüren Sie dieses Rot immer wieder – mindestens einmal täglich einen Monat lang. Dann nehmen Sie andersfarbige Blätter hinzu und versuchen jetzt zuerst mit offenen und später mit geschlossenen Augen zu erspüren, welches das rote und welches das andersfarbige Blatt ist. Sie werden nach einigen Monaten bemerken, daß die roten Blätter im Vergleich zu den anderen Blättern immer etwas klebriger wirken.

Jene blinde Malerin meinte, daß die Schönheit der Farbe Rot immer irgendwie mit Anhaften zu tun habe, deswegen sei sie auch als Symbol der Liebe und des Blutes so geeignet. Ob es sich um ein Krapp-, ein Kermes- oder Rubinrot handelt, der leicht klebrige Effekt der roten Farbe ist immer gleich; probieren Sie das selbst einmal aus.

Der rote Geruch

Erstaunlicherweise spricht man auch von roten Wohlgerüchen. Sie mögen da stutzen, da der Geruch doch selten mit der Farbe verbunden wird. Es handelt sich hierbei um eine sogenannte Synästhesie, eine Doppelempfindung, bei der ein Sinneseindruck auf mehrere Sinnesorgane zugleich wirkt. Sie erfreuen sich an einem schönen Geruch und sehen eine bestimmte Farbe vor Ihren Augen. Der Wohlgeruch der Zeder, der immer wieder von den Juden gepriesen wird, soll nicht nur die Kommunikation anregen und bei Hautrötungen helfen, sondern auch bei dafür empfänglichen Menschen die Farbe Rot anklingen lassen. Ich denke hier an ein leuchtendes, leichtes Zinnoberrot.

Auch die verdauungsfördernde Gewürznelke, mit der man den Zahnschmerz lindert, soll dem Rot verbunden sein. Dagegen läßt sich der Wohlgeruch der Minze, die einen in Schwung bringt und das Interesse an der Außenwelt weckt, für mich leicht mit einem schönen, wenn auch etwas kühlen Rot assoziieren. Ich denke hier an ein Rot, das sich dem klaren Magenta annähert.

Ob mit Rotwein oder der Erdbeertorte, mit Zederngeruch in der Nase, dem Granat um den Hals oder in der roten Hose, man genießt die schönen Seiten des Lebens mit Rot. Und haben Sie schon bemerkt, daß das schöne Rot auch etwas Rassiges besitzt? Es kommt mir oft wie eine schwarzhaarige Frau mit engem knallroten Kleid vor, die einfach da ist, und von der der Mann sein schwaches Auge nicht abwenden kann. Morgen- und Abendrot sind dagegen ganz feine weibliche Wesen, lichtgestaltig und rein; sie stellen die andere, die mehr geistige Seite des schönen, weiblichen Rot dar.

Rot als Lichtsymbol

Im Abendmahlswein, wie im Gral, der oft als roter Kelch dargestellt wird, tritt uns das vergeistigte mystische Rot entgegen. Dieses mystische Rot ist eigentlich ein Lichtsymbol, der Farbe der auf- und untergehenden Sonne gleich. Wir erfahren, daß sich das alles belebende Sonnenlicht mit Rot ankündigt und mit Rot zurückzieht. Rot deutet am Abend auf die Hoffnung hin, daß mit dem Rot am Morgen das Licht wiederkommen wird.

Das mystisch manahafte Rot als Lichtfarbe klingt in dem verbreiteten Aberglauben nach, daß das Abendrot gutes Wetter anzeige. Das Rot am Abend läßt die Morgenröte erahnen, mit der die Sonne sich wieder ankündigt. Mit ihr kommt alles Leben wieder, das Blut erwärmt sich und die Früchte werden reif. Allerdings sagt die Bauernregel auch: »Morgenrot: schlecht Wetter droht«. Das reine Licht des Morgens scheint meist, wie es bäuerliche Wetterbeobachtungen zeigen, nicht zu halten, was es verspricht: nämlich Klarheit und Heiterkeit.

Die Hoffnung auf die Wiederkehr der Sonne als Lebensspenderin für alle Wesen drückt sich in dem teilweise noch heute verbreiteten Weihnachtsbrauch aus, nur rote Kerzen an den Weihnachtsbaum und den Adventskranz zu stecken. Wenn ich an unseren Adventskranz von früher denke, so war dieser einzig mit roten Gegenständen verziert: rote Kerzen, rote Bänder, an denen er von der Decke hing, und Fliegenpilze. Bei soviel Rot mußte ja das Licht alljährlich wiederkehren! Dieser außergewöhnlichen Wirkung von Rot vertrauen jedoch die meisten Zeitgenossen im weihnachtlichen Lichtritual nicht mehr, wenn sie die roten Kerzen durch bunte Lichterketten ersetzen. Dafür kann man jedoch heute nach amerikanischer Art rote Schleifchen in den Weihnachtsbaum binden, um etwas koketter das Licht wieder anzulocken.

Rot ist von der kollektiven Erfahrung der Menschen mit den Naturabläufen geprägt. Diese Erfahrung wirkt noch besonders deutlich in dem Sog nach, den diese Farbe auf die Kinder ausübt. Rot verspricht Leben durch die Wiederkehr des Lichtes und die Erinnerung an das pulsierende Blut. Nach diesem Leben verlangt es unbewußt die Kinder, wenn sie spontan nach dem Roten greifen, sei es nun ein Baustein oder ein rotes Band.

Schauen wir zurück ins Mittelalter, dann können wir die gleiche Faszination, die Rot heute auf Kinder ausübt, beim Adel sehen. Der mittelalterliche Adel und teilweise auch die reichen Kaufleute der Städte waren geradezu rothungrig. Rot übte im Mittelalter speziell in der Kleidung eine ungeheuerliche Macht aus, so daß es Nichtadeligen bei Todesstrafe verboten war, Rot zu tragen. Nur der Adel durfte sich in der typisch roten mittelalterlichen Schaube zeigen, in einem knallroten talarähnlichen Mantel, den wir häufig auf Bildern dieser Zeit sehen. Besonders die Medici, eine im 15. Jahrhundert zu fürstlichem Rang aufgestiegene Florentiner Bankiersfamilie, pflegten ihre Macht ganz in Rot unübersehbar zu demonstrieren.

Als echtes und wahres Rot der Macht und der Schönheit galt jedoch der Purpur der oströmischen Kirche, eine Farbe, die wir heutzutage als Rotviolett bezeichnen würden. Diese Farbe wurde mühseligst aus dem Saft der Purpurschnecke gewonnen. Allerdings ging mit der Eroberung Konstantinopels durch die Türken das Rezept für die Herstellung dieser Farbe verloren. Die Färberei war damals nämlich eine große Geheimwissenschaft, teilweise von alchemistischen Ideen durchdrungen, die ihre Rezepte streng bewahrte. Das Purpurrezept zur Einfärbung der Kleider der Macht ist derart geheimgehalten worden, daß es nach dem Untergang Ostroms nicht mehr zu rekonstruieren war. Es gelang trotz größter Anstrengungen nicht, den schönen Purpur der oströmischen Kirche wiederherzustellen. Der Purpur als Farbe der Kardinäle und des Hochadels wurde zu Rot.

Ist es das vergeistigte Rot, das hier noch wirkt, fragt man sich, oder das Rot als Farbe der Machtdemonstration des Adels in der Kirche?

Die Patrizier übernahmen dann vom Adel bereitwillig die Attitüde, sich ebenfalls in Rot darzustellen. Immerhin heirateten noch im 18. Jahrhundert die Töchter der edlen Kaufmannsfamilien in Nürnberg ganz in Rot. Sie wollten damit nicht nur ihre Körperlichkeit, sondern auch ihre Macht und Schönheit betonen. Und Rot als Farbe der Macht und Schönheit scheint derart unwiderstehlich zu sein, daß selbst die Kommunisten das Rot in ihrem Symbol der roten Fahne hochhalten.

Diese Zusammenhänge lassen wohl erahnen, welch mächtiger Archetyp sich durch Rot ausdrückt, der uns die Zeiten hindurch Rot als faszinierende und schöne Farbe sehen läßt. Ob Klerus oder Adel, ob Kaufmann oder Kommunist, alle weisen sie eine Beziehung zum Rot auf, wenn es um ihre Machtdemonstration geht.

Uns Zeitgenossen ist die Faszination des Roten nicht nur als Kind oder Kommunist bekannt. Denken Sie doch einmal an einen roten Ferrari... Der Ferrari muß doch einfach rot sein, oder können Sie sich einen gelben oder blauen Ferrari vorstellen? Man spricht sogar in der Modebranche vom Ferrari-Rot. Ferrari ist Faszination und diese ist rot! Und zum roten Ferrari gehört der rote Campari – mit Strohhalm natürlich, an dem rote Lippen saugen.

Die Deutschen sind da etwas hausbackener als die Italiener, aber man könnte auch sagen, den Lichtmysterien näher, wenn bei ihnen die Faszination von dem Nikolaus und dem Weihnachtsmann ausgeht, die sich fast Ferrari-Rot zu kleiden pflegen. Das italienische Rot besitzt mehr das Wilde und gefährlich Schöne, wobei das weihnachtliche deutsche Rot schon fast etwas Überirdisches besitzt, wenn die roten Kerzen brennen und der Anblick des roten Weihnachtsmanns von dem Grün des Weihnachtsbaumes noch gesteigert wird.

Der Weihnachtsmann wurde wie der Campari, der Ferrari und der sündhaft rote Lippenstift liebend gerne von der Werbung vereinnahmt. Aus den vorweihnachtlichen Schaufenstern der Kaufhäuser winkt er uns etwas unbeholfen mit seinem halboffenen Sack zu. Aber das fesche Rot überdeckt seine Schwäche. Ich denke bisweilen in diesem Werbe-Weihnachts-Rot das Abendrot zu erblicken, welches das Versinken der alten Lichtmysterien im Laserzeitalter ankündigt.

In der Natur dagegen lebt die Faszination des Roten ungebrochen fort, wenn rote Tulpen, Nelken und Rosen nicht nur die Insekten betören. Die meisten knallroten Blumen sind allerdings eine Züchtung der Neuzeit. Das auffälligste natürliche Rot finden wir wohl bei dem in jeder Hinsicht berauschenden Mohn.

Das Morgen- und das Abendrot

Vergessen Sie über all der Aufregung nicht das schöne Licht des Abend- und Morgenrots. Es ist noch ein ganz junges Licht, rosig wie ein Baby, das eine eigenartig schöne Stimmung des Innehaltens verbreitet. Aurora, die Morgenröte, ist die überirdisch schöne, rosenfingrige Schwester der Sonne und des Mondes. Jeden Morgen fährt sie mit ihrem Wagen aus den Tiefen des Meeres hoch, und nicht nur viele Helden müssen bei dem Anblick ihrer Schönheit weinen.

Auf mich wirkt die Natur im Abendrot und bei aufgehender Sonne im klaren, etwas rötlichen Schein besonders intensiv und schön. Dieser fast unirdische, nur leicht rötliche Schein ist der Beginn des sich dauernd verändernden Tageslichtes, das beständig neue Stimmungen schafft.

Goethe ließ sich von Abend- und Morgenrot derart beeindrucken, daß er anhand dieser Naturphänomene die Entstehung der Lichtfarbe Rot erklärte. Die Erdatmosphäre wird von Goethe als ein trübes Medium betrachtet, das sich zwischen die Sonne (als Lichtquelle) und die Erde (auf welcher der Beobachter steht) schiebt. Wenn sich viel Trübe vor der Sonne als Lichtquelle befindet, dann entsteht vor dem Auge des Beobachters der Farbeindruck Rot. Steht wenig Trübe zwischen einer starken Lichtquelle und dem Auge des Beobachters, dann entsteht ein gelber Farbeindruck. Bei auf- und untergehender Sonne ist der Strahlengang der Sonnenstrahlen länger, als wenn die Sonne im Zenit steht. Das heißt, daß sich mehr Trübe zwischen dem Auge des Beobachters und der Sonne am Horizont als zwischen ihm und der Sonne genau über ihm befindet. Nur durch diese dicken Trübe-Schichten können wir einen direkten Blick auf die Sonne wagen. Die Trübe der Atmosphäre, welche die Sonne rot erscheinen läßt, macht deren Anblick erträglich. Das Antlitz der gleißenden gelben Sonne im Zenit ist jedoch dem Auge unerträglich, da zu wenig Trübe das Auge schützt. Die direkte Sicht des Lichtes liegt jenseits des Vermögens des menschlichen Auges. Im Abend- und Morgenrot kann das Auge jedoch das mächtige Antlitz der Sonne erahnen.

Bis jetzt habe ich über Rot als Lichtfarbe gesprochen: Rot als das ideale Licht des Morgen- und Abendrots. Als erste Farbe im Regenbogen tritt uns Rot ebenfalls als schöne Lichtfarbe entgegen. Ob Morgen- und Abendrot oder im Regenbogen: Immer ist Rot als Lichtfarbe an besondere Stimmungen in der Natur gebunden. Das sind jene romantischen Stimmungen, unter denen die Natur besonders schön erscheint, weil sie so intensiv, rein und klar wirkt.

Auch der Mond kann, wenn er langsam und sehr groß, voll und rot aufgeht, solch einen Moment des atemberaubend Schönen schaffen. Das ist der Augenblick, in dem man innehält, um sich für einen Moment nur von der Schönheit der Welt berühren zu lassen.

Von den ätherischen Lichtfarben kommen wir zurück zu den mehr handfesten Flächenfarben. Auch unter den Flächenfarben nimmt Rot eine ganz besondere Stellung ein: Nach Goethe stellt Rot die Steigerung der beiden polaren Farben Gelb und Blau dar. Das Gelbe steigert sich zum Rot von der warmen Seite des Farbenkreises her, wie sich das Blaue zum Rot von der kalten Seite des Farbenkreises her steigert. Für Goethe stellt Rot die erhöhte Farbe dar. Es ist der Kulminationspunkt der Farben im Farbenkreis.

Rot ist für mich die Farbe der Harmonie, da das Zuviel an Hellem im Gelb getrübt und das Zuwenig an Hellem im Blau aufgelichtet wird. Das Blau wird durchlichtet und das Gelb getrübt, und beide Farben finden sich im Rot wieder.

Rot stellt den harmonischen Ausgleich zwischen Licht und Finsternis dar: Das aus der Finsternis abstammende Blau bewegt sich dem Licht entgegen und das aus dem Licht stammende Gelb dem Dunkel. Beide treffen sich auf ihrem Weg im Rot, das deswegen auch oben, eben erhöht im Farbenkreis steht. Rot ist die Schönheit, die aus der Harmonie der Kräfte stammt, es ist der edle Herrscher und das Schönheitsideal auf der Ebene der Farben. Dieses Rot liegt genau in der Mitte zwischen kalt und warm, weswegen es von den Bauhaus-Lehrern als lau bezeichnet wurde.

Das echte idealschöne Rot, von Goethe Purpur genannt, entspricht dem Magenta der Drucker, eine Farbe, die mir immer ein Rätsel aufgibt. Magenta ist ein reines Rot ohne Gelb- oder Blauabweichungen. Sie scheint mir jedoch einen leichten bläulichen Stich zu besitzen, etwas zu kalt zu sein, um das Ideal des reinen schönen Rots darzustellen. Aber ich weiß ja, daß wir es heute gewohnt sind, ein leicht gelbstichiges Rot – also ein warmes und leichtes Rot – als das reine, ideale Rot zu betrachten.

Rotbrechungen

Ihr am Anfang dieses Kapitels gewähltes Lieblingsrot wird höchstwahrscheinlich auch ein wenig dem warmen Orange zuneigen. Allerdings wird neben diesem leicht gelbstichigen Rot zugleich das abgedunkelte Weinrot geliebt. Man sagt vom Weinrot, daß es eine schöne, volle Farbe sei, die einen satten Ton besitzt. Weinrot wirkt dicht, ohne sich zu verfinstern. Ein schönes Beispiel für Weinrot bieten die alten englischen Telefonzellen und Postkästen. Wenn Sie einem mittleren Rot einen kleinen Stich Schwarz untermischen, erhalten Sie ein schönes Weinrot. Probieren Sie das in Abbildung 9 einmal aus: Malen Sie zuerst den Kasten unten rot aus und legen Sie dann ganz dünn mit Bleistift oder einem schwarzen Buntstift einen schwarzen, durchsichtigen Schleier über dieses Rot.

Abb. 9:
Weinrot

Was löst dieses Weinrot in Ihnen aus? Meditieren Sie auf dieses Rot und lassen Sie es in sich einsinken. Wenn Ihnen das gut gelingt, dann können Sie diese Meditation so ausbauen, daß Sie sich selbst wie ein durchsichtiger roter Glaskörper sehen.

Sie können versuchen, sich dieses Weinrot mit Aquarellfarben zu ermischen. Nehmen Sie keinen fertigen Farbton, sondern mischen Sie sich aus viel Rot und wenig Schwarz auf dem angenäßten Papier ein sattes Weinrot oder ein zartes Weinrot, das es auch gibt.

Obwohl das Rot durch Schwarz gebrochen wird, bleibt es harmonisch. Auch wenn Rot zum Rosa hin durch etwas Weißeinmischung gebrochen wird, bleibt es eine harmonische Farbe, die immerhin noch eine häufige Lieblingsfarbe der Deutschen darstellt. Rot ist also nicht so leicht aus der Harmonie zu bringen. Es hat, wie man es farbtheoretisch ausdrückt, eine große Farbreichweite. Das heißt mit anderen Worten: Rot ist eine stark energetische Farbe, deren Individualität und Schönheit weit ausstrahlt.

Wenn man das rote Kleid, den roten Mantel überzieht, in die roten Höschen schlüpft, dann erhofft man sich nichts sehnlicher, als daß die Schönheit des Rot auf einen abfärben möge. Harmonie soll sich einstellen und ein Moment der Ruhe, des Innehaltens, genauso wie Rot am Kulminationspunkt der Farbskala die Bewegung der Farben für einen Moment anhält. Bei Rot verschlägt es einem den Atem... Genau diese Geste ist hier gemeint. Wir können es auch die Schönheit nennen, wovor man unwillkürlich einen Moment innehalten muß. Rot besitzt die Macht (Mana), die Spannung zwischen Licht und Finsternis, zwischen warm und kalt, zwischen atemberaubend körperlich und klar vergeistigt. Rot verbindet das Männliche mit dem Weiblichen, es ist die »Coniunctio«, die Verbindung der Gegensätze, welche zueinander streben. Die Harmonie dieser Spannung macht die Schönheit des Roten aus. Genau das möchte wohl auch das Prinzip des Buddha Amitabha ausdrücken, den man sich in der Meditation (um alle Geistesgifte aufzulösen) rubinrot strahlend und ganz durchsichtig vorstellt.

Rot in der Werbung

»Rot ist Marlboro – Marlboro ist rot.«

Die Londoner Werbeagentur TBWA hat sich eine neue Strategie – in der Branche kurz »Eventmarketing« genannt – für Marlboro aus dem Hause Philip Morris ausgedacht. Wenn auch der Philip Morris Marketing-Chef Knut Flöcker abstreitet, daß diese neue Art der reduzierten Werbung nicht mit den von der EG-Kommission geplanten Einschränkungen der Tabak-Werbung zusammenhängt, so weisen doch die roten Anzeigen und Happenings für Marlboro einen Weg, auch unter den neuen Bedingungen effektiv für ihr Produkt zu werben.

Rot als auf- und anregende Farbe bietet sich für die Werbung an: Ganz in Rot gekleidete Männer treten in Szenen-Cafes auf und erregen mit ihrer Pantomime Aufsehen. Im Frankfurter Tanzpalast »Omen« werden Dias von Neuschwanstein bis hin zum Friedensengel ganz in Rot auf die Leinwand projiziert. Ein monochromes rotes Multimedia-Spektakel warb 1991 ganz in Rot in sieben deutschen Großstädten für Marlboro. Rot, die komplexe Farbe der Liebe und Aggression, ist die einzige Information, die diese neuartige Werbung liefert. Die verklärt schauenden, attraktiven Nikotinsüchtigen sind aus der Werbung verbannt. Rot ist »message« genug! Rot wird zum mächtigen Symbol, das jederzeit Marlboro assoziieren läßt: Rot ist eben Marlboro – oder?

Auch das deutsche Magazin *Wiener* präsentiert Rot als die Trendfarbe der neunziger Jahre. In der August-Ausgabe von 1991 werden in einem umfangreichen beigehefteten Heftchen rote Mode, rote Autos, rote Drinks und rote Lippenstifte vorgestellt und angepriesen. Das Ganze steht unter der Devise »Rot ist mehr als eine Farbe. Es ist ein Lebensgefühl.« Rot ist Leben, Temperament, Liebe und Sex und konnte deswegen leicht zum Lieblingskind der neuzeitlichen postmodernen Werbung auserkoren werden. Der *Wiener* läßt sich derart vom Rot hinreißen, daß er unter der Überschrift »Alles ist Rot« eine rote Schöpfungsgeschichte schreibt. Das hört sich so an:

»Am Anfang war das Rot. Alles war rot: der Himmel, die Erde und das Meer. Und das Rot wurde Fleisch und nahm Formen an, die sich frei im Garten liebten. Da kam das Wort und wurde rot vor Zorn ob der entblößten Scham. Die Menschen sahen sich und schämten sich: Ein Paar sieht Rot und wird des Garten verwiesen.«[3]

Der deutsche Trendforscher Gerd Gerken meint, daß Rot das Ende des lila Zeitalters der achtziger Jahre anzeige. Die neunziger Jahre als Dekade des Aufbruchs wählen ein knalliges Rot als ihre Farbe: Das ist Zukunfts-Optimismus! Rot heißt ein neuer Zeitgeist, der aktiv und risikobereit ist. Vielen Zukunftsforschern zufolge wird jetzt eine Zeit kommen, in der man Konflikten nicht mehr aus dem Weg geht und in der man kühn handelt. Rot ist nicht zuletzt eine Farbe der Macher (und Anmacher). Aus diesem Klima heraus kreiert der Münchner Gourmet-Künstler Karl Ederer – einer der Spitzenköche Deutschlands – ein Feinschmecker-Menü in fünf Gängen ganz in Rot. Damit wirbt er für sein Restaurant Glockenbach in München. Hummer, Rote Beten und Tomaten sind »in«, genauso wie »red drinks« mit schicken Namen wie »Stutebaker 91« und »Virgin Mary« (die »Bloody Mary« gehört ja zu den roten Klassikern des Cocktails).

Auch die singenden Pop-Stars widmen sich dem Rot: Prince ist mit »Little Red Corvette« dabei wie auch UB 40 mit »Red, Red Wine«, und selbst bei Marius Müller-Westernhagen wird »Die Sonne so rot«. Da gibt es die Gruppen »Simply Red« und »Rote Rosen« – sie alle »machen in Rot« und knüpfen dabei an Jimi Hendrix und die Beatles an, die beide schon ihren »roten Song« hatten.[4]

Also schreiten wir mit Rot, der offensivsten Farbe, die Charakter und Mut signalisiert, die letzte Strecke bis zum Ende unseres Jahrtausends. Das freut die Werbebranche! – Oder sollte sie das alles kreiert haben?

Anmerkungen

1 Edvard Munch »Vier Mädchen auf der Brücke« (1905). Eines dieser Mädchen ist knallrot gemalt.

2 Z.B. bei Anthonius van Dyck in seinem berühmten Bild »Jupiter als Satyr bei Antiope« (1617/8) liegt der nackte Körper auf einem berauschenden weinroten Tuch. Sehr schöne Rottöne, die mich sehr ansprechen, benutzte auch der holländische Maler Jan Steen ebenfalls im 17. Jahrhundert. Wer schöne Rottöne in der modernen Malerei sucht, der sollte sich von Jim Dine »Roman Colour Chart« (1968) anschauen, ein riesiges Ölbild, das zehn verschiedene Rottöne von gesättigtem Purpur über klares Ziegelrot bis hin zu blassen rötlichbraunen Tönen den kalten Blautönen entgegensetzt. Ein sehr schönes warmes Rot, das sie häufig gegen Gelbtöne setzt, liebt die zeitgenössische englische Malerin Kay Gallway, die auch oft ein sehr starkes Orange benutzt. Vgl. u.a. ihr Ölbild »The Red Dress« (1970).

3 Schmidt, H. J.: Alles ist Rot. In: *Wiener,* August Beiheft 1991, S. 4

4 Jimi Hendrix sang »Red House«, und die Beatles, als sie sich noch »Silver Beatles« nannten, sangen den Song »Red Sails in the Sunset«

Rot in seinem Verhältnis zu anderen Farben

Rot und Weiß

Die Farbkombination von Rot und Weiß erinnert mich zunächst einmal an den sommerlichen Genuß von Erdbeeren mit Schlagsahne. Wenn ich dann meine Sinnlichkeit etwas befriedigt habe, denke ich an Weiß und Rot als die Farben Englands.

Da steht im englischen Wappen das schneeweiße Einhorn dem roten Löwen gegenüber – ganz so wie in der »Chymischen Hochzeit« des Alchemisten Christian Rosenkreutz (1378–1484). Weibliche Unschuld und männliche Stärke scheinen sich hier – zumindest auf den ersten Blick – zu begegnen. Bei genauerem Betrachten ist dies jedoch gar nicht der Fall: Das weiße Einhorn ist ein phallisches Wesen, es symbolisiert die penetrierende Kraft des »spiritus mercurialis« und ist mit seinem Horn und seiner blendendweißen Farbe genauso männlich wie der rote Löwe. Immerhin pflegt es sein schön gedrehtes Horn in den Schoß der Jungfrau zu legen, was schon auf einen bekannten männlichen Trieb überdeutlich verweist. Das Einhorn selbst ist ebenfalls den Farben Weiß und Rot verbunden, da man annahm, daß am Ende seines Horns, in seinem Gehirnknochen, ein rot funkelnder Edelstein, der berühmte Carbunculus, zu finden sei. So ist das Einhorn als alchemistisches Symbol der Seele weiß und rot zugleich, göttlich und dämonisch – kurzum: eine unfaßbare Kraft.

Ein rotes Kreuz auf weißem Grund stellt das Wappen von St. George dar, dem Nationalheiligen Englands, dessen Fest am 23.4. jeden Jahres noch heute in England mit roten Rosen begangen wird. Dieses rote Kreuz auf schneeweißem

Grund ist eine andere, die einfachere Version des englischen Wappens (das Georgs-Kreuz). St. George ist vollständig den Farben Rot und Weiß verbunden, wenn er im leuchtendroten Mantel auf seinem Schimmel reitet, um wie sein Kollege Michael den roten Feuerdrachen zu erschlagen. Der englische Schutzpatron, über den man fast nichts weiß, war auch für die Tracht der Kreuzritter verantwortlich, die ein rotes Kreuz hinten auf ihrer weißen Kluft trugen.

Das rote Kreuz auf weißem Grund kommt in etwas abgewandelter Form auch in der Schweizer Nationalflagge und dem Symbol der internationalen Hilfsorganisation Rotes Kreuz vor.

Weiß und Rot scheinen irgendwie zusammenzugehören. Die unter dem Leitspruch »solve et coagula« (auflösen und verbinden) stehende Alchemie wählte ebenfalls Weiß und Rot als ihre Farben. Rot und Weiß stellt die Verbindung der Gegensätze dar, die im Tantra als die Verbindung von »rotem Menstruationsblut« und dem weißen Samen (die Milch des Mannes) gesehen wird. Das alchemistische Denken, das in seiner Symbolik sehr dem des Tantrismus ähnelt, sieht ebenfalls unter den Farben Rot und Weiß die Verbindung der männlichen mit der weiblichen Essenz. Darauf spielt der Prolog von Geoffrey Chaucers »Canterbury Tales« an, in dem sich ein junger Knappe »mit weißen und roten Blumen wie eine Wiese schmückt«[1], um die Aufmerksamkeit seiner Herrin zu erregen.

Rot und Weiß pflegen sich geradezu automatisch zu verbinden, wobei dann die eine Farbe die Kraft der anderen unterstützt. Jede Farbe bringt die Eigenschaft der anderen hervor, und so stärken sich beide Farben in ihrem Charakter. Das Rot wirkt bunter, wärmer und leuchtender, wenn es auf das Weiß trifft. Das Weiß erscheint noch reiner und unschuldiger, aber auch stechender, wenn es dem Roten gegenübersteht.

Diese Macht der sich gegenseitig steigernden Farben Rot und Weiß nutzt besonders die Werbung aus. Man denke nur an den weißen Schriftzug *Coca Cola* auf rotem Grund. Daß sich hinter diesem Rot und Weiß auch ideologische Konzepte verstecken, mag folgender Witz verdeutlichen, den ich Anfang 1992 in einem Micky Mouse Heft fand:

Der rote Mars

Kurz vor der ersten Landung auf dem Mars meldet der amerikanische Kommandeur des Raumschiffs zur Bodenstation:

»Die Russen sind schon hier und streichen den Mars rot an. Was sollen wir unternehmen?«

Nach einiger Zeit antwortet die Bodenstation:

»Sind die Russen mit ihrem roten Anstrich fertig?«

»Ja, der Mars ist jetzt völlig rot.«

»Okay, gut so – nehmen Sie jetzt weiße Farbe und schreiben Sie ganz groß Coca Cola darauf.«

Rot als Signalfarbe der kommunistischen Systeme ändert sofort seinen Charakter, wenn es sich mit dem reinen Weiß verbindet. Die kapitalistische Werbung liebt es, das lebendige Rot mit dem unschuldigen Weiß für eine wirkungsvolle und mächtige Werbung zu verbinden.

Rot und Weiß ist das unendlich Reine im Gegensatz zu Rot und Schwarz, das als das Verdorbene gilt. Geist und Körper treffen sich hier, denn das reine weiße Licht wird wie die weiße Taube mit dem Hochgeistigen verbunden. Aber der Geist benötigt zu seiner Belebung das Blut, da er sonst in seiner eigenen Sterilität erstarrt und umkommt. Das jungfräuliche Weiß braucht das körperliche Rot, um sich weiterzuentwickeln und fruchtbar werden zu können.

Das Weiße und das Rote spiegeln sich bestens wider: Beide können als Farben des Geistes und des Lichts angesehen werden. Beide treten als Symbolfarbe der Sonne auf. Ist Weiß die Unschuld, so ist Rot die Lust und in diesen zwei Farben Rot und Weiß konnte man früher zur Hochzeit gehen. Ist Weiß der Himmel als überirdischer Wohnort der Engel, so ist Rot die Hölle, als unterirdisches Domizil des Teufels. Weiß als Farbe der Wolken ist dem Oben, dem Kopf, dem Geist und den höheren Chakren verbunden. Rot als Farbe des Blutes und des Feuers ist dem Unten, der Sexualität, der Lebensenergie und den unteren Chakren verbunden.

weiß	**rot**
Geist	Geist
Licht	Licht
männlich	männlich
Unschuld	Lust
Engel	Teufel
Himmel	Hölle
oben	unten
Samen	Menstruationsblut

Interessanterweise gibt es auch in dem bereits erwähnten Glastonbury, dem heiligen Ort Englands, eine rote und eine weiße Quelle. Die berühmte rote Quelle des Chalice Well (Kelch-Brunnens), die sowohl dem Heidnischen als auch dem Gral verbunden ist, liegt unmittelbar neben einer weißen Quelle, die erstaunlicherweise touristisch fast keine Rolle spielt.

Die Anziehung, die die beiden Farben Rot und Weiß aufeinander ausüben, hat auch das deutsche Volksmärchen abgebildet: Rot und Weiß sind die häufigsten Kombinationen zweier Farben im klassischen Volksmärchen der Deutschen. Ich erinnere hier nur an »Schneeweißchen und Rosenrot«. Und im »Schneewittchen« (»Sneewitchen«) wird gleich zu Beginn betont, daß das Rote im Weißen so schön aussieht. Hierin klingt das ritterliche Ideal nach, demzufolge eine schöne Frau wie weiße Lilien und rote Rosen auszusehen hat. Ein schöner Mann schaut wie Weißbrot und eine volle rote Rose aus.

Als Übung möchte ich hier vorschlagen, daß Sie sich im Liegen ein weißes, klares Licht vor Ihren geschlossenen Augen vorstellen. Atmen Sie nun dieses weiße Licht tief ein und halten Sie Ihren Atem etwas an. Bei diesem Anhalten des Atems lassen Sie das weiße Licht sich in ein rotes verwandeln und in Ihrem gesamten Körper ausbreiten. Dann atmen Sie das rote Licht wieder aus und wiederholen diesen Übungsablauf konzentriert fünfmal.

Bleiben Sie nach der Übung noch etwas liegen und schauen Sie genau, wie Sie sich fühlen.

Anmerkung

1 Chaucer, Geoffrey: *Canterbury Tales* (zweisprachige Ausgabe), (Goldmann) München 1889, I. 88f.

Rosa / Pink

Wo Rot und Weiß sich mischen, entsteht Rosa, ein weißgebrochenes Rot, das dem Rot das Aggressive nimmt. Rosa gibt es als altertümliche Farbe und auch als einen modernen Rotton, besonders als grelles Rosa, das an ausgelutschte Bonbons erinnert. Dies ist eine Farbe, die schockt und etwas »Nuttiges« hat, besonders dann, wenn sie als Lippenstift benutzt wird.

Rosa als Farbe der menschlichen Haut gilt neben Rot und Schwarz als die beliebteste Dessous-Farbe: Man gibt schon einen farblichen Vorgeschmack der Haut mit seiner Unterwäsche, denn Rosa beziehungsweise das Pfirsichblüt der Anthroposophen ist die Symbolfarbe der menschlichen Reinkarnation und der nackten Haut der Mitteleuropäer. Als Hautfarbe gilt Rosa als gesund und schön. In der menschlichen Aura zeigt Rosa die Lösung eines Problems oder das Ende einer Krankheit an.

Rosa ist ein in fast allen Sprachen bekannter Mädchenname, es besitzt eine spezielle Verbindung zum Weiblichen. Seit dem Anfang dieses Jahrhunderts ist es eine beliebte Farbe der Babywäsche bei Mädchen. Zuvor galt Rosa als das »kleine Rot« und als Farbe des männlichen Kindes. Rot als Kennfarbe des Mars wurde in der Kinderkleidung ausnahmslos auf das Männliche bezogen, was man schon im 14. Jahrhundert an Giottos Ognissanti-Madonna sehen kann. Denken wir an die berühmte englische Königin Victoria, so fällt uns an ihrer Familie auf, daß alle männlichen Kinder entweder rosa Kittel trugen oder deren Kleidung zumindest ein rosa Accessoire aufwies. Um die Jahrhundertwende wurde der Matrosenanzug zur Standardkleidung der Jungen. Von nun an wurde Blau den Jungen zugeordnet, da es außer an die Matrosen auch an die blauen Kittel der Arbeiter erinnerte. Und aus der blauen Knabenfarbe wurde schließlich das Himmel- oder Hellblau der Babywäsche für männliche Babys. Als Kontrast zu diesem weißgebrochenen männlichen Babyblau wurden dann die weiblichen Babys rosa gekleidet.

Rosa scheint zugleich auch die beliebteste Kleiderfarbe alter Damen zu sein. Es gilt als eine Farbe, die man heute schlecht als Mann tragen kann (außer vielleicht gerade noch als Krawatte); denn Rosa hat immer etwas Zartes, in ihm schwingt das Morgen- und Abendrot. Es ist eine Farbe, die nach religiöser und esoterischer Überlieferung das Herz öffnet und einen offen für das Mitgefühl macht. Neben Grün gilt Rosa als Symbolfarbe der Venus und des Herz-Chakras. Es ist eine Farbe, die zwischen dem Weiß der Unschuld und dem Rot der Verführung ausgleicht. Auch die indische Yoga-Philosophie ordnet Rosa (neben Grün) dem Herz-Chakra zu. Dieses Rosa, das der Farbe des Rosenquarzes entspricht, wirkt harmonisierend auf unser Gefühl und läßt uns unsere Herzensenergie spüren. Wer viel auf die Farbe Rosa meditiert, der unterstützt seine Sensibilität für feinere Gefühle und Empfindungen.

Rot und Schwarz

Schwarz und Rot gilt als dämonische, böse und triebhafte Farbkombination, die allerdings – zumindest für meinen Geschmack – ästhetisch sehr harmonisch wirkt. Tod und Leben treffen sich hier, und somit ist dies die beliebteste Farbkombination aller sexualmagischen Rituale. Schwarz und Rot gelten als die Hurenfarben, so sagt man und meint damit, daß mit dieser Farbkombination (sexuelle) Tabus überschritten werden. Und es ist erstaunlich, welche Fantasien diese beiden Farben dem männlichen Geist entlocken können: Es sind die häufigsten Farben der Pornographie, und die ganze Palette der sadistisch-masochistischen Männerliteratur lebt von den Projektionen auf diese Farbsymbolik. Man kann hierbei an schwarzes Leder und rotes Blut denken, aber zugleich verstärkt das unbunte Schwarze die Buntheit des Roten und läßt dessen Wärme noch deutlicher hervortreten.

Schwarz und Rot sind beides magische Farben der Macht, sie sind untereinander verwandt, was ihre gefällige Farbzusammenstellung fördert. Betrachten wir den Teufel, so kann dieser Fürst der Unterwelt sowohl in Rot als auch in Schwarz auftreten. Da der Teufel das Unten, also die Sexualität beherrscht, so können wir auf unsere Organe der Lust mit roter und schwarzer Wäsche verweisen, die den Blick magisch anzieht und lustvolle Energien an jene Stellen leitet, die den niederen Chakren verbunden sind.

Jetzt prüfen Sie einmal selbst nach, wie diese Farbkombination von Schwarz und Rot auf Sie wirkt. Malen Sie den äußeren Rand um das Quadrat in Abbildung 10 mit einen möglichst stumpfen Schwarz aus und malen Sie dann das innere Quadrat leuchtendrot aus.

Abb. 10

Schwarz und Rot

Wie wirkt diese Farbzusammenstellung auf Sie?
Was haben Sie beim Ausmalen gefühlt?

Als Visualisierungsübung würde ich Ihnen vorschlagen, daß Sie sich im Sitzen oder Liegen vor Ihren geschlossenen Augen eine schwarze Fläche vorstellen. Halten Sie diesen Farbeindruck und lassen Sie dann aus diesem Schwarz ein Rot hervorgehen, das immer leuchtender wird. Wenn Sie mögen, können Sie das Rot dann wieder in ein Schwarz übergehen lassen.

Führen Sie diese Übung nicht mehr als dreimal hintereinander durch. Seien Sie sehr konzentriert dabei und bleiben Sie nach der Übung noch etwas liegen, um sich der Gefühle, die bei Ihnen aufstiegen, genau bewußt zu werden.

Rot, Weiß und Schwarz

Nach Alfons Rosenberg[1] kann Schwarz-Weiß-Rot als der älteste Farbdreiklang der Menschheit angesehen werden. Er ist der Ausdruck des Weltempfindens früherer Völker. Überreste solcher Völker, die diese Sicht bewahrt haben, wie die isoliert lebenden Polynesier, bemalten noch zu Beginn dieses Jahrhunderts ihre Körper und Geräte ausschließlich mit diesen drei Farben.

Nach dem Jerusalemitischen Talmud[2] schuf Gott den Menschen in diesen drei Farben, und so verwundert es nicht, wenn Rudolf Steiner und die Anthroposophie sich die Farbe der menschlichen Reinkarnation – Pfirsichblüt oder Reinkarnat bei Steiner genannt – aus den Farben Weiß, Schwarz und Rot zusammengesetzt vorstellt. Weiß bezeichnet das Licht (des Bewußtseins), das in die schwarze Finsternis (des Körpers und des Fleisches) eindringt. Bewußtes und Unbewußtes kommen hier zusammen. Das männliche Weiß und das weibliche Schwarz verbinden sich mit dem Rot des Lebens.

Mit den Farben Schwarz, Weiß und Rot können Sie durch Mischung die Farbe der menschlichen Haut darstellen: Legen Sie in dem Ausmalschema unten eine dünne Schicht schwarzer Farbe (die dann hellgrau wirkt) auf das weiße Papier und darüber eine dünne Schicht roter Farbe. Wenn Sie sich dafür Zeit nehmen und die Schichten durchsichtig und dünn auftragen, bekommen Sie die Farbe der menschlichen Haut, jene Farbe, die Steiner Pfirsichblüt nannte.

Abb. 11

Die Farbe der menschlichen Haut

Bewußt und Unbewußt, Männlich und Weiblich werden durch die Farbe des Blutes verbunden. Teilweise kann Rot auch als Farbe der Seele betrachtet werden, denn in frühen Vorstellungen ist die Seele an das rote Blut gebunden, das in dem schwarzen Körper wallt. In dem Farbdreiklang Schwarz-Weiß-Rot wird der Mensch in seiner Ganzheit symbolisiert, eine Auffassung, die sich im Märchen von Schneewittchen niedergeschlagen hat. Schon gleich zu Beginn dieses Märchens, als die Mutter von ihrem Kinderwunsch zu einem Traum angeregt wird und sich dabei mit der Spindel sticht, spielt dieser Farbdreiklang eine wichtige Rolle: das rote Blut, das schwarze Ebenholz des Fensters, durch das ihr Blick schweift, und die weiße Wolle, die sie spinnt, wie der Schnee draußen. Schneewittchen wird in ihrer Schönheit, die ihre Vollkommenheit widerspiegelt, als von weißer Haut, mit schwarzem Haar und roten Wangen geschildert. Die Haut des Mädchens ist weiß wie der Schnee, ihre Backen rot wie das Blut und ihr Haar schwarz wie das Ebenholz. Das ist die Seelengestalt des vollkommenen Menschen, die sich in dieser urtümlichen Farbdreiheit abbildet.

Schwarz und Weiß verdeutlichen den Kampf zwischen Licht und Finsternis, zwischen Bewußtheit und unbewußtem Trieb, der im Johannes-Evangelium angesprochen wird. Hinzu kommt Rot, das Rot des Blutes, der Macht und Kraft. Rot bringt Leben und Gestaltung in diesen Farbklang hinein, denn das Weiß allein ist gestaltlos, wie das Schwarz als gestaltzerstörend angesehen werden kann.

Die drei Göttinnen in jeder Frau werden ebenfalls mit diesem Farbdreiklang symbolisiert. Die jungfräuliche Göttin Artemis mit ihrer Farbe Weiß steht für die Unschuld und zugleich die Bereitschaft, diese zu verlieren, um einen neuen Zyklus zu beginnen. Die verheiratete und gebärende Göttin Hestia mit Rot symbolisiert das Wissen der Frau und die Fähigkeit, mit notwendigen Entscheidungen zu leben. Die alte weise Göttin Hekate verweist mit Schwarz auf die Reife und die Fähigkeit, das loszulassen, was nicht mehr notwendig ist. Diese drei archetypischen Frauengestalten entsprechen den drei Mondphasen: Der Vollmond ist weiß, der Neumond schwarz und der Halbmond rot.

Die Kombination von Schwarz, Weiß und Rot wirkt noch heute ästhetisch, einfach schön und ausgeglichen auf uns. Und ich glaube, was schön und ausgeglichen auf uns wirkt, das drückt auch immer eine Vollkommenheit aus: Ästhetik verlangt nach Ganzheit und nach Vollkommenheit.

Haben Sie sich schon einmal schwarz, weiß und rot gekleidet? Probieren Sie es aus. Beobachten Sie genau, wie Sie sich in dieser Farbkombination fühlen.

Anmerkungen

1 *Einführung in das Symbolverständnis. Ursymbole und ihre Wandlungen*, (Herder) Freiburg 1984, S. 58f

2 Targum zu 1. Mose 2,7

Die Mischung von Rot und Blau: Violett

»Violett« ist eine erst relativ spät aus dem Französischen übernommene Farbbezeichnung. Es wurde als Ersatz für den Purpur und für Schwarz gebraucht und gilt als Symbol der Demut und Buße wie auch der ersten Selbstbesinnung.

Aus Blau und Rot mischt sich Violett, wobei traditionell das zurückweichende Blau die Seele und das mehr aktive Rot den Körper symbolisiert. Man kann auch sagen, daß sich im Violett Blau als die Farbe des Schattens, der Gefühllosigkeit und Kälte mit Rot als der Farbe des Lichtes, der Lebensfülle und ungebrochenen Triebhaftigkeit trifft. Blau und Rot werden oft dem Männlichen und dem Weiblichen zugeordnet, und so ergibt Violett die Einheit von Männlich und Weiblich, also den androgynen Menschen. Violett ist die Farbe, die zwischen den Geschlechtern steht. Sie ist die Farbe der Frauenbewegung, da sie auf den beseelten Körper verweist und auch bei den Hexen als grenzüberschreitende Farbe beliebt war. Sie stellt die dunkelste Farbe des Farbenkreises mit allerdings sehr vielen Helligkeitsabstufungen dar.

Nach Jung drückt Violett geistige Leidenschaft aus. Er spricht von der Zwienatur dieser tief mystischen Farbe, die von der hohen Geistlichkeit bevorzugt wird, da sie auf Transzendenz und Grenzüberschreitung verweist. Das violette Veilchen wurde schon im Mittelalter zum Symbol der Tugend und der Bescheidenheit. Und auf diese Bedeutung der Farbe Violett geht auch die Tracht der Kirchenfürsten zurück. Immerhin ist die katholische Kirche die einzige Institution, die ihre Bediensteten violett kleidet, und auch an der Universität waren einst die Talare der Theologieprofessoren violett. Der Bischofsring aus violettem Amethyst deutet auf Nüchternheit und Demut (das griechische Wort »amethysos« bedeutet »nicht trunken«). Als liturgische Farbe ist Violett die Farbe der Besinnung, Umkehr und Buße.

Violett oder Lila ist auch Farbe des Unmanifestierten und des kosmischen Bewußtseins, die jedoch auch Besitz und Kontrolle ausdrückt. Violett weist die höchste und feinste Schwingung des Spektrums auf (danach geht es ins unsichtbare Ultraviolett), und es wird farbpsychologisch als Farbe der Inspiration und des Geistes gesehen. Es wirkt sehr beruhigend und wird beim Farbheilen zur Behandlung von Angstzuständen eingesetzt.

Im Rheinland war Violett bis ins 19. Jahrhundert hinein noch eine wichtige Trauerfarbe wegen ihrer engen Beziehung zum Jenseitigen und ihrem Übergang zum Unsichtbaren. Zuerst wurde oft das erste halbe Jahr mit Schwarz, danach mit Violett im zweiten Halbjahr getrauert.

Auch hier sieht man wieder die Nähe von Violett und Schwarz, die Johann Wolfgang von Goethe in seiner Farbenlehre erkannte, wenn er Violett in der Natur als wenig Materie vor etwas (seitlich beleuchteten) Finsterem beschreibt. Deswegen sehen die Raumfahrer den Himmel violett, da wenig Materie, in diesem Fall Atmosphäreschichten, vor dem dunklen Weltraum liegt.

Violett ist eine sehr lichtabhängige Farbe: Sie wirkt je nach Beleuchtung sehr unterschiedlich, weswegen Violett ursprünglich in der Mode sehr unbeliebt war, besonders da es nachts bei Kunstlicht oft gräulich wirkt. Es besteht also keine Farbbeständigkeit, wie zum Beispiel bei seiner Komplementärfarbe Gelb. Da das gleiche Violett je nach Lichteinfall gräulich oder mehr bläulich oder rötlich wirken kann, gilt es als Farbe der Täuschung, als Symbol für Gift und Elend. Violett wirkt auf viele Menschen deprimierend, niederdrückend und traurig. Nicht ohne Grund ist es die Symbolfarbe des Leidens und Fastens in der katholischen Kirche. Goethe meinte gar: »Violett ist der Schrecken eines Weltuntergangs«, und der Bauhauslehrer und Maler Wassily Kandinsky schreibt: »Violett hat etwas Krankhaftes, Erlöschtes, Trauriges an sich.«

Erstaunlich ist auch die sprachliche Nähe von Violett und Gewalt (lat.: *violentia*). Als Stellvertreter des Purpur gilt Violett als Farbe der Macht und wo Macht ist, da ist auch immer Gewalt. Violett hat ein großes Farbspektrum (Farbreichweite), das heißt, es gibt sehr viele Violettöne, was man schon an den Blumenfarben in der Natur beobachten kann. Violett kann sich gegen seine beiden Nachbarfarben Rot und Blau sehr gut behaupten.

Violett ist eine wichtige Farbe im Liebeszauber – die wichtigste nach Rot –, wie ein Dokument »Über Liebeszauber« von 1727 aus Donaueschingen belegt.

Der Purpur

Der Purpur ist engstens dem Violett verwandt und konnte symbolisch zu allen Zeiten Violett (und teilweise auch Schwarz) ersetzen, wie auch Violett für den Purpur stehen konnte. Im heutigen Sprachgebrauch bezeichnet Purpur ein rötliches Violett, den Übergang von Rot zu Violett.

Der Purpur war die kostbarste Farbe des Altertums, weswegen sie auch als Symbol des ewigen Lebens und als Farbe Gottes angesehen wurde. Es war kostspielig, Purpur aus dem farblosen Schleim der Purpurschnecke herzustellen. Der Purpurton entsteht durch das Licht und ist vollkommen lichtbeständig, wodurch er zur Symbolfarbe der Ewigkeit wurde. Moses sollte aus purpurnem Stoff den Vorhang des Tempels zu Jerusalem gestalten, und die Priesterkleidung der Juden sollte purpurn durchwirkt sein. In Byzanz war es die Farbe des Kaisers und auch bei den Medici ein Symbol der Macht. Purpur zu tragen war ein höheres Vorrecht als Gold zu tragen. Im römischen Reich durften deswegen nur der Kaiser, die Kaiserin und der Thronfolger Purpur tragen. Würdenträger trugen einen purpurfarbenen Besatz, mehr war ihnen nicht erlaubt. Das echte Purpurrezept ging mit dem Untergang des oströmischen Reiches verloren, als Konstantinopel durch die Türken erobert wurde. Hiernach wurde Purpur rot und blieb aber noch für lange Zeit die Farbe besonders der klerikalen Macht.

Die Mischung von Gelb und Rot: Orange

Orange ist die wärmste Farbe des Spektrums, eine Farbe, die man am weitesten sieht. Sie gilt als eine der effektivsten Signalfarben. Sie ist ein Symbol der Aktivität nach außen und der Absichten, die man durchzuführen gedenkt. Orange oder Gelbrot symbolisiert den kreativen, tätigen Menschen und den Verschwender seiner Gaben. Orange wirkt aktivierend, ohne den aggressiven Charakter von Rot aufzuweisen. Deswegen eignet es sich besonders gut für die Behandlung von Niedergeschlagenheit und Depressionen, negativem Denken und Antriebsschwäche. In unserer Kultur zumindest heitert Orange die Menschen auf.

Orange kann jedoch auch auf eine spannungsvolle Situation verweisen, besonders auf den Kampf um Leben und Tod. Nach Petra Godson[1] dominierten die Orangetöne die Farbwahrnehmung des Menschen, als er noch als Jäger und Sammler lebte. Rot, Orange und Gelb wahrzunehmen, sollte nach Godsons Mutmaßungen ausgereicht haben, um in einer feindlichen Umwelt überleben zu können.

Anmerkung

1 Godson, Petra: *Farben und Gesundheit. Die praktische Anwendung der heilenden Farbschwingungen*. (Edition Tramontane) Münstereifel 1991, S. 11f.

Malübungen zu Rot

– Eine kleine Spielerei mit Rottönen –

Alle folgenden Malübungen können sowohl mit Buntstift als auch mit Aquarellfarben ausgeführt werden. Hier im Buch muß man wegen der Papierqualität mit Buntstift malen.

Die verschiedenen Rottöne:

Malen Sie bitte den Übergang von Braun über Orange, die verschiedenen Rottöne dann bis hin zum Violett so aus, daß die Übergänge möglichst fließend und bruchlos sind. So erhalten Sie das gesamte Farbspektrum von Rot mit allen seinen Rottönen, die in diesem Buch beschrieben wurden.

Die verschiedenen Rottöne

Braun *Orange* *Rottöne: Hellrot* *Ziegelrot* *Magenta* *Violett*

In der Abbildung 3 dieses Buches haben Sie diese Übung schon einmal durchgeführt. Vergleichen Sie Ihren jetzigen Farbenstrahl mit dem vom Anfang.

Was hat sich beim zweiten Ausmalen jetzt geändert?

Nun folgen die Mischübungen zu den einzelnen Farbtönen. Wir beginnen auf der warmen Seite des Spektrums, der linken Seite, mit Orange. Mischen Sie ein reines Rot mit einem reinen Gelb, indem Sie von rechts Gelb und von links Rot einfließen lassen, so daß sich beide Farben in der Mitte zu Orange mischen.

Ermischen Sie sich die Farben echt und erliegen Sie nicht der Versuchung, fertig gemischte Farben zu benutzen.

Rot *Orange* *Gelb*

Wie würden Sie nun dieses Orange mit Worten beschreiben?

Orange gilt als die wärmste und als die auffälligste Farbe...

Und gleich noch eine Mischungsaufgabe zu Orange: In der Abbildung unten sehen Sie zwei ineinander verschobene Dreiecke. Malen Sie das eine Dreieck mit einem reinen Rot aus, das andere Dreieck mit einen reinen Gelb. In der Raute in der Mitte erhalten Sie wieder ein reines Orange, das einmal neben Gelb und zum anderen neben Rot steht.

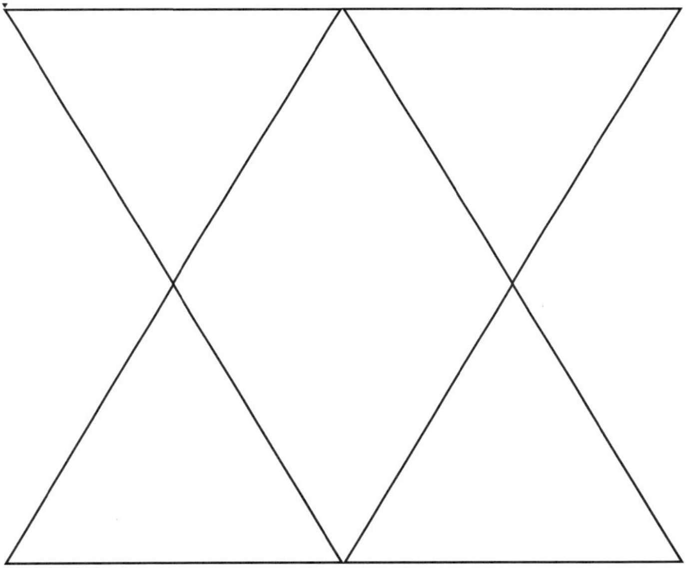

Bemerken Sie eine unterschiedliche Wirkung des Orange abhängig davon, ob es alleine oder gegen Rot oder Gelb steht?

Von den warmen Rottönen kommen wir jetzt zu den kalten. Die kalten Rottöne besitzen immer einen Blauanteil, denn Blau ist das Ideal einer kalten Farbe.

Mischen Sie den Übergang von Rot bis Violett, indem Sie

die gesamte Abbildung unten zunächst mit Rot ausmalen und dann von rechts Blau einmischen. Das eingemischte Blau nimmt nach links hin kontinuierlich ab.

Diese Übung ist bedeutend schwieriger als die vorige. Nehmen Sie sich Zeit, arbeiten Sie eventuell mit mehreren Farbaufträgen (Farbschichten).

Rot → ← *Blau*

Fiel Ihnen dieser Übergang leicht, wenn Rot als Farbe des Körpers sich mit Blau als Farbe der Seele mischt?

Wie haben Sie sich bei diesem Ausmalen und Mischen gefühlt?

Um sich noch etwas tiefer auf den Violett-Ton einzulassen, malen Sie das Quadrat unten zuerst mit einem reinen Rot aus und legen so viel Blau deckend darüber, bis Sie den Violett-Ton erreichen, der Sie anspricht.

Welche Gedanken und Gefühle stiegen bei Ihnen hoch, als Sie abermals das Violett erzeugten?

Zur Farbe Rot gehört auch der Farbton Braun, der farbwissenschaftlich zu den bunten Grautönen gerechnet wird. Als Grautöne werden alle diejenigen Farben bezeichnet, die sich aus der Mischung von Komplementärfarben ergeben. Mischen wir Rot und dessen Komplementärfarbe Grün, dann erhalten wir Braun und fallen zugleich aus dem Spektrum der Regenbogenfarben hinaus.

Malen Sie die Abbildung unten nun mit Rot aus und mischen Sie dann von rechts Grün ein. Es sollte sich hierbei ein reines Mittelbraun ergeben. Versuchen Sie es …

Rot ➡ ⬅ *Grün*

Ist das die Farbe des Rotwildes oder des roten Hundes?

Nun versuchen Sie mit dem reinsten Rot, das Ihnen zur Verfügung steht, das nebenstehende Quadrat deckend auszumalen. Lassen Sie sich dabei ganz in diese Farbe fallen...

Einesteils ist diese Übung sehr leicht, aber nehmen Sie sich dennoch Zeit für Sie. Seien Sie konzentriert. Außerdem ist es auch wiederum nicht so einfach, einen gleichmäßigen Farbauftrag zu erhalten.

Gefällt Ihnen das Rot in diesem Quadrat?

Kommt es in dieser Form ideal zur Geltung, wie es die Lehrer des Bauhauses immer behaupteten?

Versuchen Sie nun auch zum Vergleich das Dreieck und den Kreis umseitig mit diesem reinen Rot deckend auszumalen.

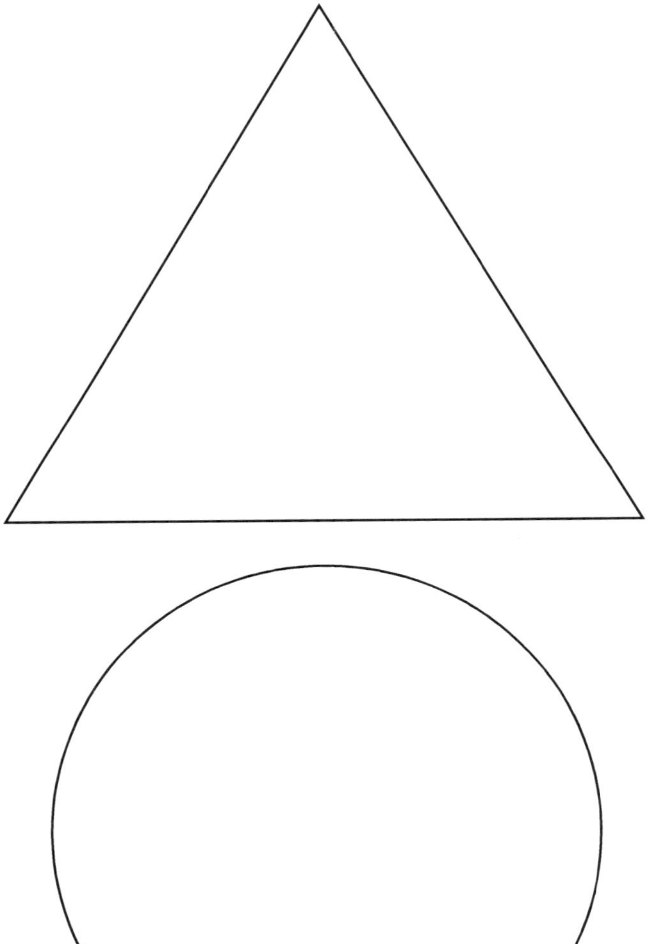

Was meinen Sie, in welcher Form fühlt sich Rot am wohlsten?

Platon kam aus philosophischen Überlegungen dazu, daß Rot als Farbe des Körpers sich idealerweise im Quadrat beziehungsweise im Quader anordnet. Der rechte Winkel als Ausdruck der Statik schien für Platon immer auch mit dem Körperlichen verbunden zu sein.

Und nun fehlt uns noch das Rosa oder Pink: Lassen Sie in dem Schema unten von rechts Weiß und von links Rot einlaufen, so daß sich beide Farben in der Mitte zu einen typischen Babyrosa mischen.

Rot → ← *Rosa* → ← *Weiß*

Rosa ist ein weißgebrochenes Rot.

Welche Empfindungen stiegen Ihnen bei dieser Mischübung auf?

Wie stehen Sie zu Rosa?

Haben Sie schon einmal auf diese Farbe der Babys und alten Damen meditiert?

Und wenn Rot sich in der gleichen Weise mit Schwarz mischt, dann bekommt man ein Weinrot. Versuchen Sie es einmal hier:

Rot → ← *Weinrot* → ← *Schwarz*

Wie wirkt denn im Gegensatz zum Rosa das Weinrot auf Sie?

Wenn Sie sich nun alle diese Rottöne selbst ermischt haben, können Sie sich an der schwierigsten Übung versuchen und zwar alle Rottöne in einem Farbenkreis zu bannen. Sie können selbst Braun, Rosa und Weinrot dort unterbringen! Versuchen Sie, die einzelnen Rottöne so sanft wie möglich ineinander übergehen zu lassen.

Roter Farbenkreis

Diese Übung ist so schwierig, daß Sie wahrscheinlich mehrmals ausprobieren müssen, wie Sie die einzelnen Rottöne am besten anordnen. Seien Sie geduldig – es lohnt sich.

Nun finden Sie umseitig eine Ellipse, die Sie mit verschiedenen Rottönen derart ausmalen, bis die Ellipse so lebendig wirkt, daß sie sich zu bewegen scheint. Sie können hier mit feinen Farbübergängen und Rotschattierungen arbeiten, wenn Sie wollen...

Die rote Ellipse

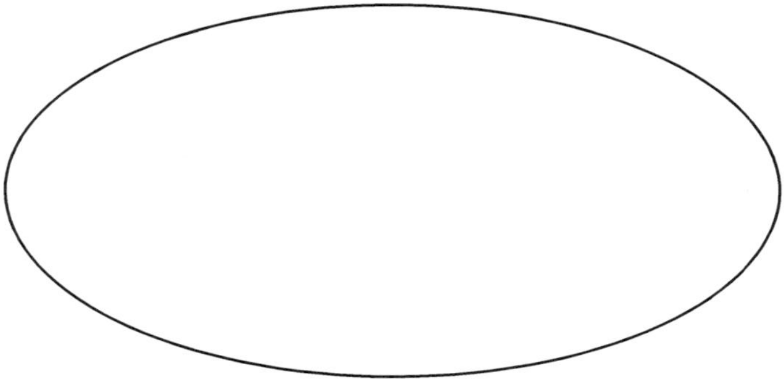

Und nun mischen Sie, in welcher Form auch immer, in der freien Fläche unten alle Rottöne, die Ihnen zur Verfügung stehen.

Wie gefällt Ihnen denn diese geballte Kraft des Roten?

Jetzt kommt wieder eine schwierigere Übung, und zwar malen Sie die Ellipse unten derart aus, daß ihre Fläche von innen nach außen immer roter wird. Außen, an der Peripherie, haben Sie also ein reines Rot, innen im Zentrum entweder einen Gelbton oder ein Violett (Sie können da frei wählen, was Ihnen mehr gefällt). Hierbei geht es wieder um feinste Farbübergänge.

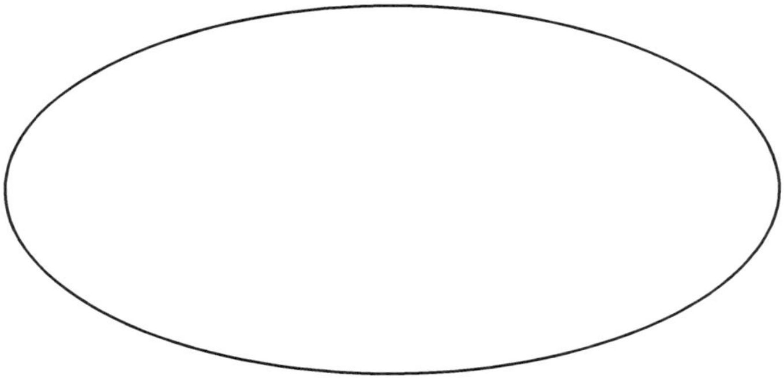

Jetzt schauen wir uns Rot einmal in bestimmten Farbumgebungen an:

Das Quadrat unten malen Sie mit einem reinen Rot aus und dann umgeben Sie dieses Quadrat von allen Seiten mit einen mittleren Grün.

Wie wirkt das Rot jetzt auf Sie?

Seit den Impressionisten lieben die Maler den sogenannten Komplementärkontrast, bei dem die eine die andere Farbe steigert. Können Sie das nachvollziehen?

Und zum Abschluß nun noch eine Übung, die einmal auf andere Weise als beim Komplementärkontrast die Wirkung von Rot steigert und sie im zweiten Falle teilweise abschwächt.

Malen Sie das eine Quadrat unten derart aus, daß sich von der Mitte aus gesehen immer rote und weiße Flächen abwechseln, wobei Sie mit einer weißen Fläche in der Mitte beginnen. Das andere Quadrat wird genauso ausgemalt, nur daß Sie hierbei Schwarz und Rot abwechseln und mit Schwarz beginnen.

Jetzt haben Sie eine sehr gute Einfühlung in die Farbe Rot bekommen. Wenn Sie wollen, können Sie alle diese Übungen mehrmals und immer wieder durchführen und dabei Ihre einzelnen Versuche vergleichen. Sie werden sich wundern, wie unterschiedlich Sie diese Übungen in verschiedenen Stimmungen ausführen werden.

Die Bedeutungsstruktur von Rot

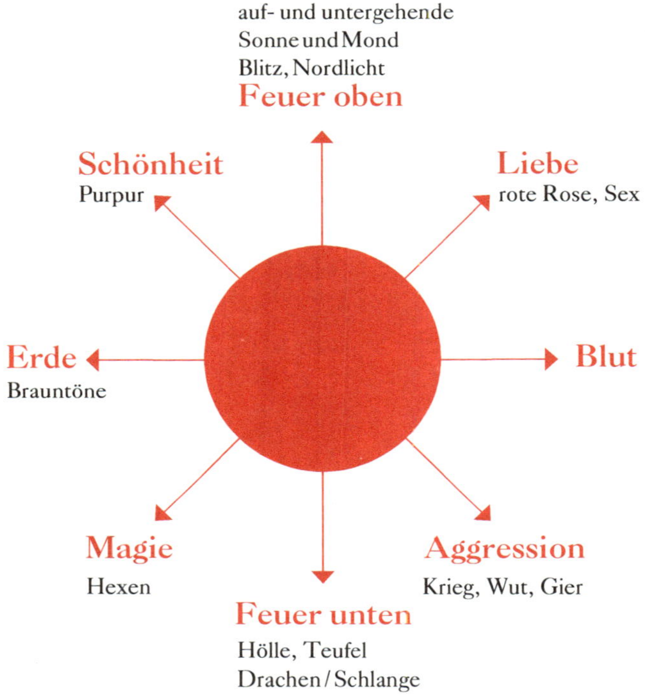

Der Autor steht für Fragen, Workshops, Vorträge und Kurse gerne zur Verfügung. Wenden Sie sich bitte an:

Klausbernd Vollmar · Cobblestones · Cley next the Sea · Holt · Norfolk NR 25 7 RE · Telefon & Fax: 0263-740304 · Great Britain

Literaturverzeichnis

ADAC Motorwelt, München 11/1991

Bächtold-Stäubli,, Hanns: *Handwörterbuch des deutschen Aberglaubens.* (Walter de Gruyter Vlg.) Berlin, Leipzig 1935/6 (nachgedruckte Studienausgabe)

Beltz, Walter: *Gott und die Götter.* (Aufbau Vlg.) Berlin, Weimar 1975

Bennett, John Goldolphin: *Witness. The Story of a Search.* (Hodder & Stoughton) London 1962

Bertelsmann, Klaus: *Faszination Farbe. Der Weg zum meditativen Malen.* (Christophorus Vlg.) Freiburg 1988

Chaucer, Geoffrey: *Canterbury Tales, Bd. 1 – 3,* zweisprachige Ausgabe (Goldmann Vlg.) München 1989

Faber, Stephanie: *Mein Farbenbuch.* (Goldmann Vlg.) München 1987

Gimbel, Theo: *Healing Through Colour.* (Daniel Publ.) Saffron Walden ²1985

Godson, Petra: *Farben und Gesundheit. Die praktische Anwendung der heilenden Farbschwingungen.* (Edition Tramontane) Bad Münstereifel 1991

Goethe, Johann Wolfgang von: *Farbenlehre.* Mit Einleitung und Kommentar von Rudolf Steiner. Hrsg. v. Gerhard Ott und Heinrich O. Proskauer, ungekürzte Ausgabe. (Vlg. Freies Geistesleben) Stuttgart ³1984 (dreibändige Ausgabe)

Heller, Eva: *Wie Farben wirken,* (Rowohlt Vlg.) 1989

Holl, Adolf: *Im Keller des Heiligtums – Geschlecht und Gewalt in der Religion.* (Kreuz Vlg.) Stuttgart 1991

Jung, Carl Gustav: *Gesammelte Werke.* (Walter Vlg.) Olten, Freiburg 1981

Kraaz, Ingrid u. Rohr. Wulfing von: *Die richtige Schwingung heilt.* (Goldmann Vlg.) München ³1989

Küppers, Harald: *Die Logik der Farbe. Theoretische Grundlagen der Farbenlehre.* (Callwey Vlg.) ²1981

Mallasz, Gitta: *Die Antwort der Engel.* (Daimon) Zürich 1984

Muths, Christa: *Farbtherapie. Mit Farben heilen – der sanfte Weg zur Gesundheit.* (Heyne Vlg.) München ²1989

Neumann, Erich: *Die Große Mutter.* (Walter Vlg.) Olten, Freiburg 1985

Noll-Brinkmann, Christine: *Zur Sexualität der Farbe.* In: Kunstforum Bd. 107, April/Mai 1990, S. 102-104

Novalis (Friedrich von Hardenberg): Das Märchen von Hyazinth und Rosenblütchen. In: *Deutsche Märchen* (ausgewählt von Elisabeth Borchers). (Insel Vlg.) Frankfurt/M. 1979, S. 200 - 203

Plinius, *Naturgeschichte*

Rot, Gelb, Blau. Die Primärfarben in der Kunst des 20. Jahrhunderts, hrsg. v. Bernhard Bürgi. (Hatje & Niggli Vlg.) Zürich 1988

Ray, Clarissa: *Die persönliche Magie der Farben. Symbolkraft, Psychologie und Heilenergie.* (Edition Tramontane) Bad Münstereifel 1991

Reage, Pauline: *Story of O.* (Olympia Press) London o.J.

Rosenberg, Alfons: *Einführung in das Symbolverständnis. Ursymbole und ihre Wandlungen.* (Herder Vlg.) Freiburg 1984

Steiner, Rudolf: *Das Wesen der Farben,* a.a.O., S. 102

Talmud (der babylonische Talmud) (Goldmann Vlg.) München ⁵1991

Totenbuch der Tibeter

Vergil, *Aeneis*

Vollmar, Klausbernd: *Dream-Power. Ein Handbuch für Träumer.* (Simon & Leutner Vlg.) Berlin 1988

ders.: *Das Geheimnis der Farbe Schwarz. Psychologie, Mythos, Symbolik.* (Bruno Martin Vlg.) Südergellersen 1988

ders.: *Chakren. Lebenskraft und Lebensfreude aus der eigenen Mitte.* (Gräfe & Unzer Vlg.) München 1989

ders.: *Das Geheimnis der Farbe Weiß. Unschuld und Verführung.* (Bruno Martin Vlg.) Südergellersen 1989

ders.: *Fahrplan durch die Chakren.* (Rowohlt Vlg.) Reinbek ²1990

ders.: *Farben – ihre natürliche Heilkraft.* (Gräfe & Unzer Vlg.) München 1991

Wiener, Ausgabe August 1991

FRIEDENSUNIVERSITÄT

POTSDAM

»Wir dürfen nicht länger auf das Morgen warten, wir müssen es erfinden.«
Gaston Berger, französischer Philosoph

1995 soll in Potsdam eine internationale und interdisziplinäre Friedensuniversität gegründet werden, die den Dialog der Kulturen und Religionen, die Vernetzung von geistigen und materiellen Werten sowie die Kommunikation der Altersgruppen und Generationen fördert. Im Austausch verschiedener geistiger Richtungen und Denkansätze, praktischer Initiativen und Gruppierungen sollen gemeinsam handlungsorientierte Konzepte für ein friedliches Miteinander mit der Natur und ein Mehr an Menschlichkeit in den Strukturen unserer zunehmend multikulturellen Gesellschaft entwickelt werden.

Die Friedensuniversität wird Studenten und Praktikern aus dem In- und Ausland offenstehen, die bereit sind, über den Horizont ihrer Fachdisziplinen hinaus in größerem Zusammenhang zu denken und zu handeln. Nicht nur rationale Ursachen und Beweggründe, sondern auch emotionale und intuitive Grundlagen individuellen und gesellschaftlichen Handelns sollen Gegenstand fächerübergreifender Forschung sein.

Im Dezember 1991 wurde die gemeinnützige »Fördergemeinschaft zur Gründung einer Friedensuniversität (FGF) e.V.« gegründet. Ihre Aufgabe ist es, die Friedensuniversität Potsdam zu realisieren und deren konkrete Konzeption zu entwickeln. Derzeit gehören 530 Mitglieder aus 45 Ländern der FGF an. Die Friedensnobelpreisträger S.H. der DALAI LAMA (Tibet), S.E. Bischof DESMOND TUTU (Südafrika), Dr. HENRY KISSINGER (USA) und MAIREAD CORRIGAN-MAGUIRE (Nordirland) haben gemeinsam mit dem Friedenspreisträger des Deutschen Buchhandels 1992 AMOS OZ (Israel), dem Internationalen Friedensbüro in Genf und den Internationalen Ärzten für die Verhütung des Atomkrieges (IPPNW, Cambridge / USA) die Schirmherrschaft der Gründungsaktivitäten zur Friedensuniversität übernommen.

Zur Vorbereitung der Friedensuniversität veranstaltet die FGF seit Oktober 1992 u.a. Kongresse, Festivals, Seminare, Vorträge, Konzerte sowie interne und öffentliche Diskussionen und Arbeitsgruppen. Ein zentrales Anliegen ist es, Frieden in einem ganzheitlichen Zusammenhang zu sehen: als sozialer Friede, als Frieden in der Gemeinschaft im Sinne einer friedlichen Austragung von Konflikten und als persönlicher innerer Friede. Dabei soll eine Brücke zwischen dem theoretischen Friedensbegriff und einem gelebten Seinszustand geschlagen werden.

Schreiben Sie uns, wenn Sie daran interessiert sind, an den Veranstaltungen der FGF teilzunehmen und die Entwicklung der Friedensuniversität unterstützen wollen. Gerne senden wir Ihnen ausführliche Informationen zu: Fördergemeinschaft zur Gründung einer Friedensuniversität (FGF) e.V., Akazienstraße 27, 10823 Berlin, Tel. 030 - 782 46 10, Fax 030 - 782 63 08.

Die FGF dankt **KLAUSBERND VOLLMAR**, der das Projekt als Mitglied des Beirats und Botschafter der Friedensuniversität unterstützt, und der **EDITION TRAMONTANE** für den Abdruck dieser Information.

Die Anwendung von Farben als feinstoffliche Heilmethode nimmt an Bedeutung zu. Sie berücksichtigt die energetischen Bedürfnisse des Menschen und trägt zur Aktivierung seiner Selbstheilungskräfte bei, was sie für den Laien wie den Therapeuten gleichermaßen interessant macht.

Dieses Buch beschreibt zahlreiche Methoden der Farbanwendung an Chakras, Akupunktur- und Fußreflexzonenpunkten, Farbbehandlung in Verbindung mit Blütenessenzen, Ozontherapie und Kirlianfotografie sowie Farbtherapie durch kosmische Pyramidenenergie und leitet praktisch zur Heilung und Selbstheilung an.

Petra Godson
Farben und Gesundheit
172 Seiten, Broschur
mit Abbildungen und einer
vierfarbigen Pendeltafel
ISBN 3-925828-25-7

Farben als besondere Kanäle für psychische Energie senden Schwingungen und Lichtimpulse aus, die in Verbindung mit Wahrnehmungs- und Bewußtseinsübungen unsere inneren Heilkräfte erwecken und Spannungen auf der Ebene von Körper, Seele und Geist lösen.

Damit wird die Harmonie der Sieben Strahlen des Regenbogens in uns wiederhergestellt.

Durch die hier vorgeschlagenen kreativen Übungsvorschläge, die von einfachen Atem- und Entspannungstechniken über Anleitungen zum Visualisieren bis zu tiefen Meditationsübungen aus der tibetisch-tantrischen Tradition reichen, erschließt sich uns eine ganz neue Welt der Selbsterfahrung.

Clarissa Ray
Mit Farben meditieren
120 Seiten, Broschur
ISBN 3-925828-28-1

Das Schwarze ist das Zeichen der Ökonomie,
das Rote das Signal der Revolution
und das Weiße das der reinen Bewegung.
(Kasimir Malewitsch)